Ihr Hobby

Barben

Robert Donoso-Büchner

INHALTSVERZEICHNIS

Titelbilder:
Großes Foto: Rubinbarben-Paar
Unten von links nach rechts **Rückseite von oben nach unten**
Balantiocheilus melanopterus, Gebirgsbach in Malaysia,
Barbus tetrazona, *Barbus semifasciolatus,*
Epalzeorhynchos frenatum, *Barbus filamentosus.*

© 2002, bede-Verlag, Bühlfelderweg 12, D-94239 Ruhmannsfelden
E-mail: bede-Verlag@t-online.de, Internet: http://www.bede-verlag.de
Konzept der Reihe „Ihr Hobby…", Herstellung und Gestaltung: bede-Verlag
Alle Rechte vorbehalten. Für Schäden, die durch Nachahmung entstehen,
können weder Verlag noch Autoren haftbar gemacht werden.
Fachliche Durchsicht: Dr. Jürgen Schmidt, Ruhmannsfelden
Lektoratsassistenz: Dipl.-Päd. Gerhard Ott, go-publishing, Flensburg,
http://www.go-publishing.de.vu
Fotos: Dr. Jürgen Schmidt, sofern nicht anders erwähnt,
sowie Jakob Geck, Dr. Anton Lamboj, Horst Linke, Norbert Neugebauer,
M.-P. & C. Piednoir/Aqua Press, Yvette Tavernier, bede-Verlag u. a.

ISBN: 3-933 646-98-7
bede-Bestellnummer: HO 413

Einleitung

Viele Barbenarten konnten sich einen festen Platz in der Aquaristik erobern und sind sehr beliebte Aquarienfische, die oft in Gesellschaftsaquarien gepflegt werden. So gehört die Prachtbarbe zu den Pionieren in der Aquaristik, die seit ihrer Ersteinfuhr im Jahre 1903 bis zum heutigen Tag von ihrer Beliebtheit nichts eingebüßt hat. Leider sind afrikanische Barben kaum in der Aquaristik vertreten, obwohl es einige prächtige Arten gibt, deren Ansprüche der Aquarianer leicht erfüllen kann. Daß Barben aber mehr als nur bunte Farben zeigen und nicht nur stupide hin und her schwimmende Fische sind, soll Ihnen dieses Buch vermitteln. Auch sind Barben nicht allgemein als „Anfängerfische" zu bezeichnen.

Wer kennt sie nicht, die bunten und flinken Gesellen, wie die Prachtbarbe, die Sumatrabarbe oder auch die Bitterlingsbarbe, die den Aquarianer durch ihre agile Art erfreuen? Im Foto ist eine Gruppe Prachtbarben, Barbus conchonius, *zu sehen. Barben und ihre Verwandten müssen immer in Gruppen gepflegt werden. Foto: Piednoir*

3

Mit den „Echten" Barben, wie unserer einheimischen europäischen Flußbarbe, Barbus barbus *(s. Foto), sowie deren Barbus- und Messinibarbus-Verwandten, haben die allgemein in der Aquaristik und in diesem Buch als „Barben" bezeichneten Fische wenig zu tun, außer daß sie im weitesten Sinne zu den Cypriniden, also den Karpfenfischen, zählen.*

So stellen viele Arten höhere Ansprüche an den Pfleger, besonders bei der Zucht und der Aufzucht von Jungfischen. Ziel dieses Buchs ist, dem Aquaristikeinsteiger sowie auch dem erfahrenen Aquarianer die erfolgreiche Pflege und Zucht dieser interessanten und schönen Fische näherzubringen.

Doch was genau sind Barben? Barben zählen zu den Cyprinoidei, den Karpfenfischähnlichen. Der Begriff „Barbe" ist ein sehr vager, da er auf viele Karpfenfischähnliche angewendet wird, die nicht näher miteinander verwandt sind. Ursprünglich stammt er von unserer heimischen Flußbarbe, *Barbus barbus*, die ein auffälliges Artmerkmal aufweist – die Barteln. Doch besitzen noch viele andere Cypriniden ebenfalls Barteln; was solche Fische jedoch nicht automatisch zu Barben macht.

Die in der Aquaristik als Barben bezeichneten Fische stellen eine bislang sehr uneinheitliche und unübersichtliche, artenreiche Fischgruppe dar, die weit über Afrika und Asien verbreitet ist. In früherer Zeit verleiteten damals die Barteln der Flußbarbe Fischkundler dazu, Fische, welche ebenfalls Barteln aufweisen, in die Gattung *Barbus* zu stellen. Seit geraumer Zeit wissen wir, daß diese Einordnung falsch ist. Eine Aufteilung in andere Gattungen wurde desöfteren in Angriff genommen, es handelt sich jedoch zum Teil um weitere Sammelgattungen und um nicht ausreichend abgegrenzte Gruppen, bei der die Fische nach der Anzahl ihrer Barteln (bis 4 Barteln – *Systomus*, 2 Barteln – *Capoëta*, keine Barteln – *Puntius*) und der teilweise abweichenden Schuppenausbildungen in Gattungen eingeordnet wurden. Aufgrund der vielen neu dazu gekommenen Arten und der vielen variablen Merkmale dieser Fische, zum Teil innerhalb einer Art, wird eine sehr intensive Arbeit zur korrekten Einteilung erforderlich sein, bei der herkömmliche Methoden nicht ausreichen. Weil die Namensgebung bei den als „Barben" bezeichneten Fischen nicht eindeutig ist, wird in diesem Buch aus praktischen Gründen weiterhin der – eigentlich falsche – Gattungsname *Barbus* verwendet!

Barben in der Natur

Barben stellen eine faszinierende Fischgruppe dar. Im Laufe der Evolution entstanden viele Spezialisten unter den Barben, die sich den von ihnen besetzten Lebensräumen, sowohl in ihrer äußeren Erscheinung als auch in ihrem Verhalten, angepaßt haben. In der Natur gibt es daher nicht die „typische" Barbe, wie es oft verallgemeinert dargestellt wird. Neben sehr schwimmfreudigen, gibt es auch versteckt lebende, ruhige Barben. Während manche Barbenarten frisches, sauerstoffreiches und strömendes Wasser bevorzugen, ziehen andere Arten das Stillwasser von Tümpeln oder Seen vor. Je nach Lebensraum haben sich manche Barben an die dortigen Wasserparameter und die Wasserbeschaffenheit angepaßt. Andere sind in bezug auf die Wasserparameter sehr robust und sind in unterschiedlichen Gewässertypen anzutreffen – solche Barbenarten sind dem Neueinsteiger zu empfehlen!

Manche Cypriniden, darunter auch einige Barben, haben sich an sauerstoffarme Kleingewässer angepaßt. Sie sind in der Lage, periodisch auftretende Ereignisse, die zu einem Sauerstoffmangel führen, wie er beispielsweise bei einer Algenblüte oder während einer Trockenzeit bei einer hohen Erwärmung des Gewässers auftreten kann, zu überstehen. Reicht der benötigte Sauerstoff, der durch Kiemen aufgenommen wird, nicht aus, so sind solche Fische auch in der Lage, den Rest des benötigten Sauerstoffs über die Haut (Hautatmung) oder durch Verschlucken der Luft (Darmatmung) zu

Barben in der Natur

ergänzen. Bei vielen Arten, welche sich an sauerstoffarme Gewässer angepaßt haben, sind die Mechanismen, die eine ausreichende Sauerstoffversorgung ermöglichen, bislang kaum untersucht.

Barben sind nicht immer friedliche Schwarmfische, sie bilden nur zeitweise Schwärme oder lose Gruppen, wenn dies für ihr Überleben wichtig ist. So ist die Schwarmbildung beispielsweise bei starkem Feinddruck, bei veränderten Umwelteinflüssen (Regenzeit) und beim Aufsuchen von Futter- oder Laichstellen zu beobachten. Das Ziel dieser Strategie ist es, dem Freßfeind das unbemerkte Herannahen und das einfache Anvisieren seiner Beute zu erschweren. Doch ist dieses Verhalten nicht immer erforderlich und sinnvoll. Der Charakter eines Biotops, so beispielsweise das vorhandene Nahrungsspektrum, beeinflußt das Verhalten der Fische in starker Weise. In sehr nährstoff- und nahrungsarmen Gewässern bilden Barben oft nur Gruppen oder kleine Schwärme aus, ist dagegen das Nahrungsangebot in einem Gewässer groß, so bilden Barben eher größere Verbände oder Schwärme. Der

Grund für die geringere Individuendichte in nährstoff- und nahrungsarmen Gewässern liegt in der fast ausschließlich von außerhalb des Wassers stammenden Nahrungsgrundlage – wie auf oder ins Wasser fallende Insekten.

Andere Nahrungsquellen sind – je nach Lebensraumtyp – sehr verschieden ausgeprägt, doch finden sich auch in nährstoff- und nahrungsarmen Gewässern verschiedene Kleinkrebse und Wasserinsektenlarven. Je nach Spezialisierung der jeweiligen Barbenart oder auch deren Entwicklungsphase sind sie Aufwuchsfresser (Limnivore), Pflanzenfresser (Herbivore), Allesfresser (Omnivore), Fleischfresser (Carnivore) oder gar kannibalisch. Arttypisch sind dabei die ausgebildeten Schlundzähne sowie sogenannte mikroskopisch kleine „Hornzähnchen" im Maulbereich, die der Nahrungsaufnahme dienen. Bei den Fleischfressern müssen wir zwischen zwei Barbengruppen unterscheiden: Bei der einen Gruppe besteht die Nahrungsgrundlage aus kleinen Futtertieren wie Insekten und deren Larven, Kleinkrebsen, Würmern, Schnekken, Fischeiern und -larven. Bei der ande-

ren Gruppe werden ausschließlich große Nahrungsbrocken, unter anderem auch kleinere Fische, bevorzugt.

Das Verhalten der Barben beim Beuteerwerb kann – je nach Situation und der Spezialisierung – sehr verschieden sein. Bodenorientierte Barben besitzen oft Barteln. Diese fadenartigen oder auch fleischigen Auswüchse am Maul sind mit Geschmacksknospen versehen und dienen dem Aufspüren der Nahrung. Im trüben Wasser finden diese Fische problemlos ihre Beutetiere, da sie sich mit ihren Barteln durchs Wasser schmecken und tasten. Auch zum Aufspüren von Nahrung im Verborgenen, beispielsweise im Sand oder Schlamm vergrabene Würmer, sind Barteln hervorragend geeignet. Dabei läßt sich das „Gründeln" beobachten, wie wir es beispielsweise auch von unseren heimischen Karpfen, *Cyprinus carpio*, her kennen. Barben mit stark reduzierten oder ohne Barteln bevorzugen eine andere Nahrung wie zum Beispiel im freien Wasser schwebende oder nicht im Bodengrund versteckte Beute (Plankton im weitesten Sinne), welche im klaren Wasser gut sichtbar ist. Anflugnahrung nehmen beinahe alle Barbenarten zu sich, sofern sie nicht extrem bodenorientiert sind. Vor allem in Flachwasserbereichen werden auf das Wasser gefallene Insekten gierig gefressen.

So verschieden wie ihre Geschmäcker, so verschieden sind sie auch in ihrem übrigen Verhalten. Bei vielen Barbenarten sind die Männchen zumindest zeitweise aggressiv gestimmt – gegenüber Artgenossen oder auch anderen störenden Fischen, die sich innerhalb des von ihnen beanspruchten Reviers aufhalten. Gelegentlich kommt es auch zwischen ansonsten friedlichen Barben zu Kämpfen. Hierbei werden die Kräfteverhältnisse durch Wasserschlagen in Antiparallel- und Parallelstellung und durch Beißen und Jagen zwischen den Barben geklärt, wobei sie eine bestimmte Rangordnung innerhalb einer Gruppe einnehmen. In der Natur kommen ernsthafte Kämpfe zwischen Barben selten vor, folglich sind tödlich endende Kämpfe nicht zu beobachten. Maulzerren tritt sehr selten auf, unter beengten Aquarienverhältnissen und falscher Pflege ist dieses Verhalten jedoch durchaus häufiger zu sehen. Bei falscher Pflege kann es dagegen durchaus zu Fischkämpfen mit tödlichem Ausgang kommen. Einige Barbenmännchen verteidigen vehement ein kleines Laichrevier, aus dem selbst Fische die deutlich größer sind – bis zu vierfacher Körperlänge – vertrieben werden.

Ein Aggressionsverhalten von Barben ist vor allem in der Laichzeit, die meist während und nach der Regenzeit einsetzt, zu beobachten. Hier kämpfen Moosgrünbarbenmännchen, eine Zuchtform von *Barbus tetrazona*. Durch „Wasserwedeln" und Beißen wird eine Rangordnung ausgefochten. Foto: bede-Verlag

Barben in der Natur

Frische Wassermassen verändern die Wasserparameter und -beschaffenheit. Die Wassertemperatur kühlt sich kurzfristig ab und der pH-Wert sowie die Gesamt- und Karbonathärte ändern sich je nach geologischen Gegebenheiten. Dies wird „Ausdünnung" genannt, wobei die Gesamt- und Karbonathärte sinken. Diese veränderten Umweltfaktoren lösen bei den Fischen positiven Streß aus, der zu einer Hormonausschüttung und folglich zur Laichmotivation führt.

Bei vielen aus Fließgewässern stammenden Barbenarten sind nun hormonell bedingte Zellveränderungen zu beobachten. Oft sind es weißliche „Pöckchen", die in arttypischer Weise einen mehr oder weniger starken Laichausschlag im Kopfbereich – vorwiegend beim Männchen – bilden.

Bei einigen Barbenarten sind in der Natur „Laichwanderungen" zu beobachten, welche jedoch nicht mit denen der Atlantischen Lachse, *Salmo salar*, zu vergleichen sind. Barben legen bei ihren Wanderungen nur relativ kurze Strecken zurück, um geeignete Laichplätze aufzusuchen. Die Barbenmännchen zeigen in Laichstimmung meist eine intensivere Färbung und präsentieren sich ihrem Weibchen mit weit gespreizten Flossen. Manche vollführen regelrechte Balztänze, andere zeigen sich von ihrer „sportlichen Seite" und „flitzen" um das auserwählte Weibchen herum. Ist das Weibchen nicht laichwillig, so wird es vom Männchen vertrieben. Ein laichpralles Weibchen wird auch oft von mehreren Männchen gleichzeitig umworben, wobei

es dann auch zu Auseinandersetzungen zwischen den Männchen kommen kann, da jedes das Weibchen für sich allein beanspruchen möchte. Je nach Barbenart und deren Lebensweise unterscheiden sich die bevorzugten Laichorte. Während einige fließendes Wasser bevorzugen, benötigen andere Pflanzendickichte in Flachwasserzonen der Stillgewässer. Nicht nur Barben sind Laichräuber, die einen Teil der Eier selbst fressen. So lassen sich in der Natur oft laichende Paare in Begleitung vieler anderer Fische wie Glasbarsche, Bärblinge und Barben beobachten, die begierig nach den Eiern schnappen. In Fließgewässern werden durch die Wasserströmung viele Eier weggespült und sind daher schwerer von den Fischen zu schnappen. Trotz der vielen „Eierfresser" entwickelt sich eine unüberschaubare Jungfischzahl, von der aber nur ein winziger Bruchteil überlebt und später selbst als fortpflanzungsfähiger Fisch zum Ablaichen kommt.

Die aus den Eiern schlüpfenden Larven steigen in den Flachwasserzonen zunächst an die Wasseroberfläche, wo sie ihren Dottersack vollständig aufbrauchen. Danach schwimmen sie als winzige „Kommas" auf der Suche nach Infusorien und einzelligen Algen an der Wasseroberfläche. Ihr Wachstum ist rasant, so daß sie bereits nach wenigen Wochen als kleine Fischchen erkennbar sind.

Doch Gefahren lauern überall! Größere Fische, Amphibien, räuberische Insekten wie Wasserwanzen und deren Larven sowie Libellenlarven ernähren sich unter anderem von den Jungfischen. Größere

Foto u. r.:
Schwanzflosse und -stiel des Männchens werden bei der Paarung über den Schwanzstiel des Weibchens gelegt. Dabei wird der Kopf des Männchens gegen den des Weibchens gedrückt.

Der Laichausschlag, meist am Kopf, hier bei balzenden Barbus filamentosus, dient bei einigen Barben als „Haftorgan" und ist bei der Fixierung des Weibchens während einer Paarung hilfreich.

Bei einigen Barbenmännchen sind die Brustflossenstrahlen verdickt. Die Brustflossen des Männchens werden beim Ablaichvorgang kräftig gegen den Bauch des Weibchens gedrückt, was das Ablaichen beim Weibchen auslöst.

Barben in der Natur

Hinweis:
Je nach Art der Bedrohung sowie der jeweiligen Anpassung der Barben an ihren Lebensraum reagieren sie mit Flucht über die Wasseroberfläche, durch weite Sprünge durch das offene Wasser, durch Verstecken oder durch Eingraben in den Bodengrund. Die meisten Barben besitzen eine gute optische Wahrnehmung, weshalb viele Freßfeinde aus einem Hinterhalt als Stoßräuber agieren.

Raubfische wie zum Beispiel Schlangenkopffische, *Channa* spp., Nanderbarsche der Gattungen *Afronandus*, *Nandus* und *Polycentropsis* und Tigerbarsche, *Datnoides* spp., ernähren sich wiederum von größeren Barben.

Obwohl Barben über sehr empfindliche Sinnesorgane verfügen, die sie zu enormen Wahrnehmungsleistungen befähigen, befinden sie sich in einem steten „Wettrüsten" mit ihren Freßfeinden, wobei ihre Geschmacks- und Geruchsorgane, Druckwellenorgane wie ihr Seitenlinienorgan, ihr Verhalten, ihre Fortbewegung und ihre Gestalt weiter perfektioniert werden. Viele Barbenarten weisen ein Punkt- oder Streifenmuster auf, um das Anvisieren durch einen Räuber zu erschweren. Ältere, nicht mehr so reaktionsfähige und geschwächte, Barben fallen den Freßfeinden leicht zum Opfer. Doch wie viele andere zu den Cypriniden zählende Fische sind Barben ebenfalls in der Lage, bei einer Verletzung durch einen Freßfeind, Botenstoffe – zur Warnung der übrigen Barben – durch die verletzte Haut ans Wasser abzugeben. Die übrigen Artgenossen nehmen diesen Botenstoff wahr, sind so in erhöhter Fluchtbereitschaft und bilden kurzzeitig Gruppen oder Schwärme.

Bei einigen Cypriniden ist auch die Lauterzeugung zur innerartlichen Kommunikation oder zur möglichen Abschreckung von Freßfeinden bekannt. Auch lassen sich bei einigen Arten deutliche schlagende oder klopfende „Freßgeräusche" feststellen. Diese Töne entstehen durch das Gegeneinanderschlagen von Schlund-

zähnen und dem Mahlstein, einer hornigen Ausbildung an der Schädelbasis. Die Lauterzeugung von Barben sowie deren Bedeutung wurden bislang von der Wissenschaft vernachlässigt.

Neben vielen Freßfeinden machen auch Endo- und Ektoparasiten den Barben zu schaffen. So können geschwächte Barben, beispielsweise bei Laichaktivitäten, durch einen Parasitenbefall so stark in Mitleidenschaft gezogen werden, daß sie schließlich an Entkräftung sterben. In von Menschen verschmutzten Gewässern treten gelegentlich deutliche Geschwüre an Barben und anderen Fischen auf, welche auf die Schwächung der Gesamtkonstitution der Fische zurückzuführen sind. Bakterien, Viren, Pilzsporen, Endo- und Ektoparasiten sind dadurch in der Lage, die Fische in wesentlich stärkerem Maße zu schädigen, als es bei gesunden und in sauberen, unbelasteten Wasser lebenden Fischen möglich wäre. Daher ist das Mitnehmen von Fischen aus belasteten Gewässern aufgrund des möglichen parasitären Befalls nicht anzuraten.

Die natürliche Verbreitung wird durch periodische Überschwemmungen der Tieflandebenen mitbestimmt, wobei geologische Gegebenheiten wie Gebirgszüge und Trockenzonen oft klare Verbreitungsgrenzen bilden. Ob Wasservögel zu der Verbreitung von Barben beitragen, indem Fischeier im Gefieder und an den Beinen der Wasservögel haften bleiben und so in nächste Gewässer verschleppt werden, wie es für einige unserer heimischen Cypriniden nachgewiesen ist, ist mir nicht bekannt.

Gewässertypen

Ein Schwarz-wasserbach auf der Malaiischen Halbinsel bei Bukit Merah. Lebensraum von Barbus hexazona, (Foto: H. Linke): pH-Wert 6,4, 0 °dGH, 2 °KH und 22 µS/cm. Biotopfoto: N. Neugebauer

Barben besiedeln unterschiedlichste Gewässertypen und haben sich an spezielle Lebensräume angepaßt. Barbenlebensräume reichen von Quellregionen über kleine Bergbäche sowie stark strömende Flüsse bis hin zum Brackwasser und zu Überschwemmungswiesen, Tümpeln, Weihern und Seen.

Hier beschränken wir uns auf die Darstellung weniger, aber entscheidender Lebensraumtypen, die nach charakteristische Elementen zusammengefaßt sind. Die Lebensraumtypen finden sich später im Arten- und Pflanzenteil wieder. Die grobe Einteilung in Lebensraumtypen soll dem unerfahrenen Aquarianer den Einstieg in die erfolgreiche Barbenpflege und -zucht erleichtern. Schwarz-, Klar- und Weißwasser sind wichtige Begriffe, die den Lebensraumtypen zugeordnet werden. Sie sind vor allem für eine gute Pflege der Fische wichtig.

Gewässertypen

*Tannine, welche Bestandteile bei der Gerbsäureausschüttung sind, sind für den bräunlichen Farbton des Wassers verantwortlich. Sie werden vom abgestorbenen Pflanzenmaterial an das Wasser abgegeben. Neben Huminsäuren werden noch viele schwer bestimmbare Substanzen – wie beispielsweise Phytohormone und Vitamine – von den im Wasser liegenden abgestorbenen Pflanzenmaterialien abgegeben. Diese werden auch allgemein als Huminstoffe bezeichnet.
Foto: J. Geck*

Schwarzwasser

Als Schwarzwasser wird Wasser bezeichnet, welches durch abgestorbenes Pflanzenmaterial – wie totes Holz und Fallaub – einen bräunlichen Farbton aufweist. Solche Gewässer sind durch Huminsäure mehr oder weniger stark angesäuert, sie weisen einen niedrigen pH-Wert und eine kaum meßbare Gesamt- und Karbonathärte auf, sie sind nährstoffarm. Oft ist der Bodengrund solcher Schwarzwasserbiotope sandig und mit abgestorbenem Pflanzenmaterial bedeckt.

Echte Wasserpflanzen sind in solchen Gewässern die Ausnahme und eher in nährstoffreicheren Gewässern, bei höherem pH-Wert, zu finden. Sumpfpflanzen bilden jedoch an den Gewässerrändern sehr dichte Bestände und ersetzen die Wasserpflanzen.

Klarwasser

Dabei handelt es sich um Gewässer, die sauberes, klares Wasser ohne Trübung durch organische oder anorganische Bestandteile enthalten. Diese Gewässer sind oft nicht so nährstoffarm wie das Schwarzwasser, im Unterschied fehlen hier die Huminsäuren und die Tannine. Der pH-Wert liegt meist im neutralen Bereich (6,8 bis 7,5), die Gesamt- und Karbonathärte liegt – je nach geologischer Lage – zwischen 0 und 25°.

Weißwasser

Als Weißwasser bezeichnet man Gewässer, die durch organische und anorganische Bestandteile eine mehr oder weniger starke Trübung aufweisen. Dabei spielen die durch abgestorbenes Pflanzenmaterial abgegebene Tannine, welche im

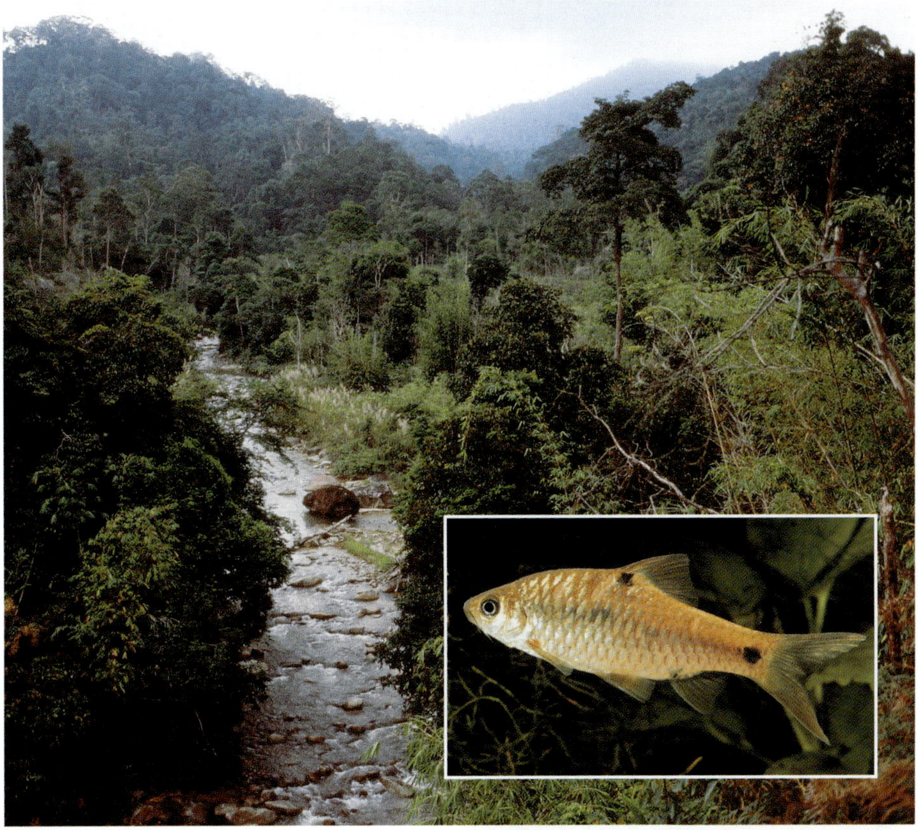

*Der Bodengrund im Klarwasser kann sandig, steinig, aber auch lehmig sein. Wasserpflanzen sind hier häufig, Sumpfpflanzen besiedeln die Randbereiche.
Im malaiischen Hochland führen die Bäche aufgrund des Gefälles Klarwasser, Lebensraum von* Barbus binotatus *(Foto: H. Linke). Biotopfoto: N. Neugebauer*

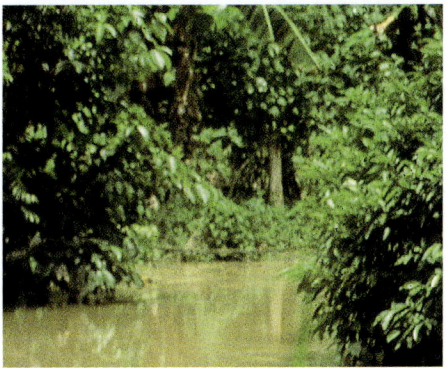

Schwarzwasser die bräunliche Verfärbung auslösten, hier keine Rolle. Vielmehr handelt es sich um eine Trübung, die durch Mikroorganismen wie Algen und eingeschwemmte Sedimente verursacht wird. Es handelt sich um nährstoffreiche Gewässer, die einen meist neutralen, aber auch schwach sauren oder leicht alkalischen pH-Wert aufweisen können (6 bis 7,8). Die Gesamthärte kann bis zu 30 °dGH betragen, wobei die Karbonathärte nur wenig niedriger sein muß.

Der Bodengrund kann sandig, aber auch schlammig sein. In solchen Gewässern liegt der Sauerstoffgehalt zeitweise deutlich unter dem der Klargewässer. Besonders in kleineren, stehenden Gewässern, in denen Algenblüten auftreten oder sich andere Mikroorganismen jahreszeitlich bedingt stark vermehren, kann der Sauerstoffgehalt drastisch sinken.

Wasserpflanzen wachsen im Weißwasser meist sehr üppig, sofern genügend Licht zu den Pflanzen durchdringen kann. Sumpfpflanzen besiedeln die Randbereiche. Fundort: Sungai Ayer Pukit. Foto: J. Geck

Gewässer-typen

Wie schon im Kapitel Barben in der Natur beschrieben, ist die Aufteilung der Le-bensraum- und Gewässertypen nicht aus-reichend, um alle Gewässermerkmale in ihrer Fülle zu erfassen. Die hier beschrie-benen reichen uns aber für einen Einstieg in die Barbenpflege aus. Erwähnt werden muß aber noch, daß ein Gewässer nicht immer nur einem Gewässertyp zuzu-ordnen sein muß.

Die Wasserchemie spielt für eine erfolg-reiche Vermehrung vieler Barbenarten oft eine nicht so entscheidende Rolle. Das gilt jedoch nicht für echte Schwarz-wasserarten; bei solchen sind einige Was-serparameter schon vorgegeben. Ent-scheidend für diese Barben ist oftmals der Humingehalt der Gewässer, weniger die Gesamthärte – wie manch einer vielleicht annehmen möchte. Während bei der ein-

fachen Haltung solcher Barben bis zu 10 °dGH toleriert werden, in Ausnahme-fällen auch bis zu 30 °dGH, kommt es bei der Zucht jedoch auf eine niedrige Ge-samt- und Karbonathärte an. Eine gute Ei- und Larvenentwicklung ist zwischen 0 bis 3 °dGH, 0 °KH, pH-Wert 4,5 bis 6,5 und bei 20 bis 24 °C für fast alle aus Schwarzwassergebieten stammenden Barben gegeben. Wichtig ist hierbei, daß die Wasserwerte in der Natur oft auch jah-reszeitlichen Schwankungen ausgesetzt sind. Diese Hinweise sind für die erfolg-reiche Zucht und Aufzucht hilfreich, vor allem aber auch für die Pflege von emp-findlichen Fischen wie den Schmetter-lingsbarben, *Barbus papilio*, aus dem *Barbus candes*-Formenkreis und Rhom-benbarben, *Barbus rhomboocellatus*, aus dem *Barbus tetrazona*-Formenkreis.

Lebensraumtypen

Lebensraumtyp I

Klarwasser/sauerstoffarme Stillgewässer
Stehende Kleinstgewässer, durch Hochwasser bedingte Überschwemmungen der Tiefebenen und der durch Rückgang des Hochwassers entstehenden Kleingewässer, Überschwemmungswiesen, Pfützen, Tümpel. In größeren stehenden Gewässern, Weihern und flachen Seen, zum Teil verkrauteten, flachen und ruhigen Randzonen mit mehr oder weniger ausgeprägter Ufervegetation. Lebensraum nicht so sauerstoffbedürftiger Arten.
Je nach geographischer Lage und der klimatischen Verhältnisse der Biotope sind die Wassertemperatur und der pH-Wert im Tag-Nachtrhythmus größeren Schwankungen unterworfen.

Lebensraumtyp II

Klarwasser/Fließgewässer und sauerstoffreiche Stillgewässer
Tiefer liegende Bereiche von Quellregionen, Bäche und Flüsse sowie größere sauerstoffreiche Seen. Die Wasserparameter sind insgesamt relativ konstant. Die Wassertemperaturen sind in der Regel niedriger als die der kleineren Stillgewässer. Sumpfpflanzen sind in Quellregionen und entlang der Uferbereiche von Flüssen stark vertreten. Echte Wasserpflanzen sind vor allem in Flüssen und größeren Stillgewässern anzutreffen.

Lebensraumtyp III

Schwarzwasser/Stillwasser
Stehende Kleinstgewässer, durch Hochwasser bedingte Überschwemmungen der Tiefebenen und der durch Rückgang des Hochwassers entstandenen Kleingewässer, Überschwemmungswiesen, Pfützen, Tümpel. In größeren stehenden Gewässern, Weihern und Schwarzwasserseen, mit flachen und ruhigen Randzonen und starkem Uferbewuchs.

Lebensraumtyp IV

Schwarzwasser/Fließgewässer und Seengebiete
Bäche und Flüsse sowie Seengebiete. Insgesamt sind die Wasserparameter relativ konstant, die Wassertemperatur ist meist niedriger als die der kleineren Stillgewässer. Vor allem in Seengebieten sind Sumpfpflanzen sowie schwimmende Pflanzeninseln im besonderem Maße anzutreffen.

Lebensraumtyp V

Weißwasser/sauerstoffarme Stillgewässer
Stehende Kleinstgewässer, durch Hochwasser bedingte Überschwemmungen der Tiefebenen und der durch Rückgang des Hochwassers entstandenen Kleingewässer, Pfützen, Tümpel. In größeren stehenden Gewässern, Weihern und flachen Seen, in ruhigen stark verkrauteten Randzonen und meist ausgeprägtem Uferbewuchs. Gelegentlich besteht in solchen Gewässern die Gefahr einer Algenblüte, wenn übermäßige Nährstoffeinträge das biologische Gleichgewicht akut stören und nicht von den Pflanzen und Mikroorganismen abgebaut werden können. Das Wasser ist dann gräulich bis intensiv grün gefärbt. Ebenso wie im Lebensraumtyp I ist dies der Lebensraum kleinerer und nicht so sauerstoffbedürftiger Arten. Die

Großes Bild:
Ein typischer Schwarzwasserbiotop auf der malaiischen Halbinsel: Sungai Ayer Hitam. Lebensraum der Fünfgürtelbarbe, Sechsgürtelbarbe und Hasselts Rüsselbarbe. Foto: J. Geck

Kleines Bild:
Fünfgürtelbarbe, Barbus pentazona.

Wasserparameter sind insgesamt stärkeren Schwankungen unterworfen.

Lebensraumtyp VI
Weißwasser/Fließgewässer und größere Weißwasserseen
Bäche und Flüsse sowie größere Weißwasserseen. Solche Gewässer sind zum Teil durch jahreszeitlich bedingte Einträge und der daraus resultierenden biologischen und chemischen Eigenschaften nur kurzfristig als Weißgewässer zu bezeichnen. Im Gegensatz zu den Still-

gewässern zählen die meisten Fließgewässer, in erster Linie Bäche und obere Flußläufe, zu den Klargewässern. In den langsam fließenden Flüssen, die mit der Brachsenregion unserer heimischen Gewässer zu vergleichen sind, sowie in größeren Seen mit hohem Nährstoffgehalt, sind die Wasserparameter relativ konstant, da der krasse jahreszeitliche Temperaturwechsel unserer Breitengrade, der in unseren heimischen Gewässern zum Absterben vieler Mikroorganismen führt, dort fehlt.

Barben im Aquarium

Bei der Pflege von Barben müssen wir auf die verschiedenen Bedürfnisse der jeweiligen Art eingehen, die, wie wir im Kapitel „Barben in der Natur" gelesen haben, zum Teil erheblich voneinander abweichen können. Daher legen wir uns bei der Pflege von Barben auf einen im Aquarium gut zu realisierenden Lebensraumtyp fest und suchen uns dementsprechend für uns infrage kommenden Fische aus. Der Platzbedarf ist je nach Barbenart verschieden und läßt sich nicht einfach auf die Formel: x cm/Liter festlegen, da die Grundfläche oftmals sehr entscheidend, vor allen bei bodenorientierten Arten, für einen Fischbesatz ist. Den Ansprüchen territorialer und schwimmfreudiger Fische müssen wir bei der Gestaltung eines Aquariums gerecht werden. Daher sind die Platzansprüche der jeweiligen Barbe im Artenteil angegeben. Territorialen Barben müssen wir sehr reich strukturierte Versteck- und Rückzugsplätze bieten (wie Steine, Wurzeln, dichte Pflanzenbestände). Für viele Arten gilt die einfache Formel: „Aus den Augen, aus dem Sinn." Grundsätzlich dürfen keine unterschiedlichen Fundortvarianten und sehr nah verwandte Arten zusammen gehalten werden, da es zu Kreuzungen zwischen Arten oder Unterarten kommen kann und sich die Nachkommen zu einem späteren Zeitpunkt als unfruchtbar erweisen können. Einige Barben gelten bei der Be-

standserhaltung im Aquarium als heikel. Viele der in Aquarien entstandenen Barben-Farbmutationen sind durchaus beliebt. Leider läßt die Qualität in bezug auf die Farben und den Gesundheitszustand mancher im Handel angebotener Barben sehr zu wünschen übrig. Eine traurige Modeerscheinung ist die Kreation von Albinos und extrem schleierflossigen Mutanten. Albinos sind empfindlicher als die Stammformen und für eine Vergesellschaftung mit anderen Barben meist nicht geeignet, da sie von den gesunden übrigen Barben gelegentlich stark verfolgt werden. Zudem sind die bunten natürlichen Arten im Gegensatz zu den Albinoformen eine Bereicherung.

Barben erreichen ein hohes Alter. Je größer die Art, desto älter kann sie werden. Große Barben wie *Barbodes schwanefeldi* sind beinahe als Erbstücke zu bezeichnen, da sie über 20 Jahre alt werden. Kleine Arten erreichen meist nur ein Alter von drei bis sechs Jahren. Eine Anschaffung von groß werdenden Arten ist deshalb vorher gründlich zu überdenken. Bei einigen im Handel angebotenen Barbenarten weiß der Aquarianer jedoch nicht, was ihn erwartet, wenn er ihm unbe-

kannte, niedliche, kleine, bunte und günstige Barben ersteht. Es tummeln sich so einige größer werdende Barben in Händleraquarien, die von anfangs 4 cm Totallänge bald auf Speisefischgröße heranwachsen und dabei die Aquarieninsassen nebst Bepflanzung eliminieren. Kaufen Sie daher nicht unüberlegt und lesen Sie erst einmal nach, ob die angebotene Barbenart wirklich für ihre Verhältnisse geeignet ist. Groß werdende Barben brauchen viel Platz. *Barbodes schwanefeldi*, *Barbus lateristriga*, *Balantiocheilus melanopterus* und *Leptobarbus* spp. sind in einer kleinen Gruppe in Aquarien von mindestens 2,5 m Kantenlänge zu pflegen. Der „Normal-Aquarianer" – der auf die Pflege von größeren Barben nicht verzichten möchte – sollte sich an ruhige, nicht ganz so schwimmfreudige, kleinere, bis etwa 15 cm Länge erreichende, Barben halten, denen oftmals Aquarienlängen von 1,5 m genügen.

Das Aquarium

Wie bereits beschrieben, müssen Sie sich erst einmal darüber im klaren sein, was Sie wollen. Grundsätzlich sollten Aquarien lieber etwas größer ausfallen, da wir so bei der Gestaltung des Aquariums und bei der Auswahl der Aquarienbewohner mehr Möglichkeiten ausschöpfen können. In den meisten Fällen können Barben in Gesellschaftsaquarien gepflegt werden. So ist es uns möglich, eine Reihe von Barben eines Lebensraumtyps auch gemeinsam mit anderen Fischen, zu pflegen.

Wichtig sind dicht schließende Abdeckscheiben, die ein Herausspringen der Fische verhindern. Die Abdeckungen mancher im Set angeboter Aquarien müssen für ein Herausfangen komplett abgenommen werden, da sich die Lichtleiste nicht verschieben läßt und so ein käschern eines Fischs unmöglich ist. Da Barben schnelle Schwimmer sind, sollten sie im Bedarfsfall zu käschern sein, ohne vorher alles mühsam abbauen zu müssen.

Das Wasser
Die Wasserhärte

Sie wird maßgeblich von im Wasser gelösten Salzen beeinflußt. Weiches Wasser ist arm, hartes Wasser reich an solchen Bestandteilen. Die Karbonathärte (°KH) ist der von Karbonat- und Hydrogenkarbonationen hervorgerufene Härteanteil. Die Gesamthärte (°dGH) ist der Härteanteil, der durch die gelösten Calcium- und Magnesiumsalze bedingt ist. Obwohl die Härtegrade der Gesamthärte ursprünglich für die Waschmittelindustrie geschaffen wurde (Seifen bilden mit Calciumverbindungen unlösliche Salze), ist sie in der Aquaristik ein wichtiges Hilfsmittel zur Einteilung.

Das Wasser wird in unterschiedliche Härteklassen aufgeteilt:		
sehr weich	0 bis 4	°dGH
weich	4 bis 8	°dGH
mittel hart	8 bis 18	°dGH
hart	18 bis 30	°dGH
sehr hart	über 30	°dGH

Die Härtebestimmung wird in der Aquaristik mit handelsüblichen Chemikalien vorgenommen.

Elektrische Leitfähigkeit des Wassers

Die Leitfähigkeit im Wasser wird in $\mu S/cm$ angegeben. Im Weichwasser ist die Leitfähigkeit gering, da es ionenarmes Wasser ist, im hartem Wasser ist sie dagegen hoch. Nur bei Frischwasser (Leitungswasser) lassen sich indirekt Rückschlüsse auf die Wasserhärte schließen. Bei altem Aquarienwasser ist das nicht möglich. Die vom Meßgerät angezeigten Werte stellen keine genaue Analyse des Wassers dar. Daher orientieren wir uns bei der Pflege und Zucht vieler Fische an der gut meßbaren Wasserhärte; vor allem an der Karbonathärte, die einen direkten Einfluß auf die Physiologie der Fischembryonen ausübt.

Hinweis: Eine Anschaffung eines Leitwertmeßgeräts lohnt sich vor allem bei der Pflege empfindlicher Weichwasserfische. Direkte Rückschlüsse auf die Wasserhärte sind jedoch nicht möglich.

Achtung: Lavabruch ist für ein gut bepflanztes Aquarium als Bodengrund zu empfehlen, jedoch ist Lavabruch für stark gründelnde Fische aufgrund seiner scharfen Kanten sehr gefährlich, da die Barteln beschädigt werden könnten. Es gibt jedoch auch feinere und, durch ein besonderes Rotationsverfahren, „entschärfte" Lava, welche in diesem Fall verwendet werden kann.

Barben im Aquarium

Tip:
Nach längeren Schauern kann auch Regenwasser aus Großstädten Verwendung finden.

Hinweis:
Stark ätzend wirken Salz-, Salpeter- und Schwefelsäure! Salpetersäure besitzt in nährstoffarmem Wasser eine Düngewirkung. Schwefelsäure bewirkt eine Ausfällung von Spurenelementen, die sich negativ auf das Pflanzenwachstum auswirkt. Phosphorsäure ist weniger aggressiv, ungiftig und bewirkt keine krassen pH-Wert-Stürze, jedoch „freuen" sich Algen über Phosphate.
Die pH-Wert-Senkung des Wassers nur mit „Kohlensäure" ist auch problematisch.

Der pH-Wert

Der Begriff pH-Wert (pondus Hydrogenii – „Gewicht" des Wasserstoffs) bringt zum Ausdruck, ob eine Flüssigkeit sauer, neutral oder alkalisch reagiert. Diese Reaktionen sind vom Mengenverhältnis der Wasserstoffionen (H^+) und der Hydroxidionen (OH^-) in einer Flüssigkeit abhängig. Eine Flüssigkeit reagiert neutral, wenn das Mengenverhältnis beider Ionenzustände ausgeglichen ist. Sie reagiert bei einem Wasserstoffionenüberschuß sauer und bei einem Hydroxidionenüberschuß alkalisch. Diesen Ionenverhältnissen dient als Meßwert das Gewicht der Wasserstoffionen, abgekürzt pH-Wert. Im neutralen Wasser beträgt das Gewicht der Wasserstoffionen in einem Liter Wasser $\frac{1}{10\,000\,000}$ g = 10^{-7} g. Der negativ dekadische Logarithmus von 10^{-7} ist 7. Ein pH-Wert von 7 definiert einen neutralen Zustand einer Flüssigkeit. Der pH-Wert wird mit einer Skala erfaßt, die von 0 bis 14 reicht. Liegt der pH-Wert unter 7, so ist das Wasser sauer, liegt er darüber, ist das Wasser alkalisch. In der Natur besiedeln Barben Gewässer mit pH-Werten von etwa 4 bis 8,5. Je nach Barbenart und deren Ansprüche an die Wasserparameter sind diese vom Pfleger einzustellen. Die Messung des pH-Werts wird entweder mit handelsüblichen Chemikalien vorgenommen oder mit elektronischen Meßgeräten, die sehr viel exakter messen.
Grundsätzlich sollte der Pfleger sich erst einmal über die Wasserbeschaffenheit seines Leitungswassers in Kenntnis setzen und sich Klarheit über die Möglichkeit zur Ausschöpfung anderer Wasserquellen, Regen- oder Brunnenwasser, oder gar die Inbetriebnahme einer Umkehrosmoseanlage, verschaffen. Danach muß geprüft werden, ob die Voraussetzungen zur Pflege der gewünschten Fische überhaupt gegeben sind. Leitungswasser mit nicht zu hoher Gesamthärte, bis etwa 10 °dGH, kann für viele Barbenarten auch unverschnitten, das heißt ohne anderes Wasser anderer chemischer Konsistenz hinzuzugeben, Verwendung finden.

Hinweis: Weist das zur Verwendung vorgesehene Leitungswasser für unsere Fische schädliche Pestizid-Rückstände auf, so verschlimmern wir die Lebensumstände unserer Pfleglinge bei einem gut gemeinten großzügigen Wasserwechsel, da das Aquarienwasser erst durch eine langsame biologische Filterung, durch Mikroorganismen im Bodengrund und im Filtermaterial sowie den Pflanzen im Aquarium, für unsere Fische in erträglicher Weise aufbereitet wurde. Leider lassen sich Pflanzenschutzmittel nur unter großem Aufwand im Labor nachweisen, zudem sind die handelsüblichen Chemikalien zur Wasseraufbereitung diesbezüglich unwirksam. Gerade in Regionen mit intensiv betriebener Landwirtschaft ist das Leitungswasser mit Vorsicht zu genießen. So sind gelegentliche plötzliche Fischsterben nach einem Wasserwechsel auf schädliche Belastungen im verwendeten Frischwasser zurückzuführen. Solche Ereignisse werden in der Öffentlichkeit nicht selten als Fehlverhalten der betroffenen Aquarianer heruntergespielt. Ein ökologisches Umdenken in der Landwirtschaft würde nicht nur den von uns gepflegten Fischen zugute kommen...

Das Regenwasser in Großstädten weist oftmals eingeschwemmte Sedimente, Ruß und chemische Reaktionen durch Umweltgifte auf und ist daher ohne gründliche Filterung und Aufbereitung nicht verwendbar. Die Umkehrosmoseanlage ist beim Betrieb mehrerer großer Aquarien mit Weichwasser sinnvoll. Es handelt sich grob gesagt um einen Filter, der das benötigte Weichwasser als Nebenprodukt produziert. Das Verhältnis: Nutzwasser zu Restwasser liegt im günstigsten Fall bei 1 : 2, daher sollte man sich die Anschaffung gut überlegen. Sind die grundsätzlichen Voraussetzungen für eine Pflege von Barben bezüglich der benötigten Wasserparameter für die jeweilige Art erfüllbar, so müssen wir uns mit der Wasseraufbereitung befassen. Durch die Zugabe von reinem Wasser (Aquadest) als Mischwasser, kann die Wasserbeschaffenheit positiv beeinflußt werden. Dies lohnt sich jedoch nur für empfindliche Barben, die in kleinen Weichwasseraquarien gepflegt werden, da die benötigten Mengen für Aquarien mit großem Volumen beträchtlich und kostspielig wären. Auch totes Holz, Torf und Fallaub können die Karbonathärte absenken. Nach meinen Erfahrungen dienen sie uns zur Senkung und Pufferung des pH-Werts. Bei ihrer Verwendung müssen wir einige Punkte beachten: Wie bereits im Kapitel Gewässertypen unter der Rubrik Schwarzwasser zu lesen ist, geben diese Materialien Huminsäuren und neben Farbstoffen auch eine Reihe anderer schwer bestimmbarer Substanzen ab. Damit der Grad der Wasseransäuerung

bestimmt werden kann, der von diesen Materialien abgegeben wird, findet ein 10-Liter-Eimer Verwendung, der mit Aquarienwasser und einer entsprechenden Menge der zu verwenden beabsichtigten Stoffe versehen wird. Nach etwa drei Tagen können wir bereits eine Senkung des pH-Werts und eine bräunliche Verfärbung des Wassers feststellen. Nun können wir Rückschlüsse über die mögliche zusätzliche Ansäuerung mit handelsüblichen Säuren ziehen. Wollen wir eine starke Verfärbung des Wassers im Aquarium vermeiden, so müssen wir diese Materialien etwa eine Woche lang wässern. Danach werden diese Materialien das Aquarienwasser nur wenig verfärben und ansäuern. Das Restwasser, welches sich schön braun gefärbt hat, ist für die Zucht bestens geeignet und kann aufbewahrt werden. Wichtig ist bei Aquarien mit niedrigem pH-Wert die puffernde Wirkung dieser Materialien, die einem pH-Sturz entgegen wirken. Vor allem in sehr weichem Wasser ist die puffernde Wirkung wichtig. Egal ob dekorative Wurzelstücke (Moorkienholz), Torf oder Fallaub, die Tannin- und Huminsäureausschüttung bleibt nicht konstant, sondern nimmt mit der zunehmenden Zersetzung der Materialien ab, das heißt, daß ein stabiler Zustand im Aquarium nicht auf Dauer beibehalten werden kann. Der Zersetzungsgrad der organischen Materialien spiegelt sich in den Wasserwerten, Nitrat und Ammonium, wider. Daher müssen in erster Linie der Nitrat- und Ammoniumgehalt überprüft werden, vor allem in Aquarien, in denen das Material über

Tip: Regenwasser kann über Filterkohle gefiltert werden, anschließend über Torf. Sauberes, klares Wasser aus einem naturnah gestalteten Gartenteich (mit Bodengrund und Schilf) kann meist problemlos verwendet werden. Wird Leitungswasser über eine Umkehrosmoseanlage gefiltert, so ist es frei von Pestiziden und Herbiziden. Filterkohle (Aktivkohle) ist in der Lage, viele der wasserbelastenden Substanzen herauszufiltern.

Barben im Aquarium

Zwergspeerblatt und Javafarn (Foto) sind robuste Pflanzen im Barbenaquarium.

einen längeren Zeitraum Verwendung findet. Je weicher und saurer das Wasser ist, desto länger sind die Materialien verwendbar. Ist der pH-Wert zu hoch, so gibt es die Möglichkeit, verschiedene handelsübliche Säuren aus dem Fachgeschäft zur pH-Wert-Senkung zu verwenden.

Grundsätzlich sind folgende Leitsätze zu beachten:

– Nie unachtsam Säure verwenden!
– Immer etwas unterdosieren!
– Nie direkt im Pflege-Aquarium ansäuern; immer separate Behälter verwenden!
– Den pH-Wert regelmäßig kontrollieren, besonders vor dem Einsetzen der Fische!
– Je geringer die Karbonathärte und der elektrische Leitwert des Wassers, desto eher die Gefahr eines pH-Sturzes!

Hinweis:
Der pH-Wert ist im Aquarium auch immer tageszeitlichen Schwankungen ausgesetzt, welche in gut bepflanzten Aquarien mit dem im Wasser gelösten Kohlendioxid- und dem Sauerstoffgehalt in Verbindung stehen.

Damit wir die Säuremenge bestimmen können, die zusätzlich dem aufbereiteten Aquarienwasser zugegeben wird, geben wir auf einen zehn-Liter Eimer Aquarienwasser zunächst 5 ml Säure und messen nach 10 Minuten den pH-Wert. Ist der pH-Wert dann zu niedrig, so wissen wir, daß 5 ml Säure in diesem Fall zuviel sind und machen denselben Versuch mit einer geringeren Menge Säure. In einem Aquarium mit ausreichend Wurzelstücken und Torf wird der pH-Wert in der Regel etwas angehoben (je nach Material und Wasserchemie um 0,5 bis 1,5), so daß ein pH-Wert von beispielsweise 4,5 auf bis 5 bis 6 angehoben werden kann. Eine weitere Zugabe von Säure muß sehr vorsichtig und schrittweise bis auf den gewünschten Wert erfolgen. Unerfahrene Aquarianer, die sich nicht mit den Tücken des sauren Weichwassers auskennen, sollten sich unbedingt an die

"alten Hasen" unter den Aquarianern wenden. Da die schönsten Worte oft nicht Fehler verhindern, ist praktische Hilfe von großem Wert.

Die Pflanzen

Barben lassen sich gut in Pflanzenaquarien pflegen und züchten. Wichtig sind hierbei jedoch die richtige Auswahl der Wasserpflanzen und die richtige Ernährung der Fische, damit sie den Pflanzen keine ernsthaften Schäden zufügen. Auch dürfen nicht nur einzelne Pflänzchen verwendet werden, sondern stets eine größere Gruppe Wasserpflanzen, die dem teilweise heftigem Treiben, vor allem der größeren Barben, standhalten.

Pflegen wir Barben in Gesellschafts- oder Artaquarien, in denen keine Nachzucht erzielt werden muß, so brauchen die Wasserwerte nicht im extremen Bereich liegen und ermöglichen uns die Pflege mehrerer – auch schwarzwassertauglicher – Wasserpflanzen. Die Verwendung von Schwimmpflanzen ist sehr anzuraten, da die Springfreudigkeit der Fische dadurch gedämpft wird und sie dann auch weniger scheu sind. Das Javamoos, das Teichlebermoos sowie die prächtigen Wurzelstränge der *Ceratopteris*-Arten und von *Pistia stratiotes* sind optimale Zufluchtsorte für Jungfische.

Wasserpflanzen für die Wasseroberfläche

Sumatrafarn – *Ceratopteris thalictroides*: Lebensraumtyp 1-6

Hornfarn – *Ceratopteris cornuta*: Lebensraumtyp 1-6

Muschelblume – *Pistia stratiotes*: Lebensraumtyp 1-2 , 5-6 (verträgt kein Spritz- und Kondenswasser, braucht viel Licht und eine Belüftung)

Kleinohriger Büschelfarn – *Salvinia auriculata*: Lebensraumtyp 3-4 (verträgt kein Spritzwasser, vermehrt sich stark, muß regelmäßig ausgedünnt werden, sonst Gefahr von Blaualgenbildung)

Hornkraut – *Ceratophyllum demersum*: Lebensraumtyp 1-2 , 5-6

Teichlebermoos – *Riccia fluitans*: Lebensraumtyp 1-2 , 5-6

Ludwigien, Ludwigia palustris x repens, *und Indische Wassersterne*, Hygrophila difformis, *sind ideale Wasserpflanzen für Barben-Gesellschaftsaquarien. Im Vordergrund balzende Grünflossenbarben*, Crossocheilus siamensis.

Wasserpflanzen für den Bodengrund

Javafarn – *Microsorum pteropus*: Lebensraumtyp 1-6 (wächst auch unter schlechten Lichtverhältnissen, robuste Pflanze)

Javamoos – *Vesicularia dubyana*: Lebensraumtyp 1-6 (muß lediglich vor einer Verschmutzung durch Mulm geschützt werden, sehr robuste und ausdauernde Pflanze)

Schraubenvallisnerie – *Vallisneria americana var. asiatica*: Lebensraumtyp 1-2, (3-4), 5-6 (nur bedingt schwarzwassertauglich, pH-Wert nicht unter 5,5 absenken)

Riesenvallisnerie – *Vallisneria americana var. gigantea*: Lebensraumtyp 1-2, (3-4), 5-6 (nur bedingt schwarzwassertauglich, robuste und vermehrungsfreudige Art, pH-Wert nicht unter 5,5 absenken)

Schwarze Schwertpflanze – *Echinodorus parviflorus*: Lebensraumtyp 1-6

Kleines Speerblatt – *Anubias barteri var. nana*: Lebensraumtyp 1-6 (langsam wachsende, aber robuste Pflanze)

Haertelscher Wasserkelch – *Cryptocoryne affinis*: Lebensraumtyp 1-6

Rundblättrige *Rotala* – *Rotala rotundifolia*: Lebensraumtyp 1-2, (3-4), 5-6

Sumpflöffelchen, Ludwigie – *Ludwigia palustris*: Lebensraumtyp 1-2, (3-4), 5-6

Indischer Wasserstern – *Hygrophila difformis*: Lebensraumtyp 1-2, (3-4), 5-6 (bedingt schwarzwassertauglich, pH-Wert nicht unter 5 absenken)

Thailändischer Wasserfreund – *Hygrophila stricta*: Lebensraumtyp 1-6

Grüner Tigerlotus – *Nymphaea lotus*: Lebensraumtyp 1-6 (braucht einen Wasserstand von mindestens 45 cm, lichtbedürftig)

Sternwasserrose – *Nymphaea stellata*: Lebensraumtyp 1-6 (braucht einen Wasserstand von mindestens 45 cm, lichtbedürftig)

Barben im Aquarium

Das Futter

Je nach Art und deren Größe stellen Barben unterschiedliche Ansprüche an die Pflege. Oft sind es Ernährungsfehler – neben den dauerhaft zu hohen Temperaturen –, die vielen Barben einen frühen Tod bescheren. Die meisten in Aquarien gepflegten Barben sind Allesfresser und brauchen daher eine ausgewogene Kost. Neben allerlei Insekten und deren Larven, Spinnen, Kleinkrebschen, verschiedene Würmer und Schnecken, Fischlaich und -brut, steht auch pflanzliche Kost wie etwa zarte Triebe und Wurzeln von Pflanzen, aber auch Algen, auf dem Speiseplan vieler Barben. Der aufmerksame Aquarianer beobachtet jedoch auch, vor allem bei einigen kleineren Barbenarten, das intensive Putzen von Pflanzen und der Aquarieneinrichtung. Dabei werden – neben Algen – auch Schneckenlaich, Planarien und Infusorien gefressen.

Eine gesunde und abwechslungsreiche Ernährung ist bei der Pflege von Barben im Aquarium meist gut zu bewerkstelligen. Als Basisfutter können wir Trockenfutter passender Größe verwenden, welches an drei bis vier Tagen in der Woche verfüttert werden kann. An den übrigen Tagen reichen wir verschiedene Futtertiersorten, egal ob lebend oder gefrostet. Wichtig ist aber eine Zufütterung pflanzlicher Kost wie etwa von zerquetschten Erbsen und Möhren aus der Dose, überbrühten zarten Salatblättern und Trockenfutter auf rein pflanzlicher Basis. Wer seinen Barben die pflanzliche Kost verwehrt, der muß unter Umständen arg zugerichtete Wasserpflanzen in Kauf nehmen.

Gelegentliche Hungertage, beispielsweise zwei bis drei Tage pro Woche, schaden unseren Fischen nicht und sorgen dafür, daß die Pfleglinge nicht verfetten, wie es unter Aquarienbedingungen nur allzuoft auftreten kann.

Zudem muß der Pfleger darauf achten, daß die Fische nicht überfüttert werden. Bachröhrenwürmer, *Tubifex*, und Rote Mückenlarven führen gelegentlich zu ernsten Stoffwechselstörungen, besonders bei zu häufiger und zu reichlicher Verfütterung. Daher dürfen diese Futtertiere nur sparsam verfüttert werden.

Frisch geschlüpfte Jungfische bewältigen in den ersten Tagen nur Infusorien und feinstes Trocken- und Flüssigfutter, welches der Fachhandel für eierlegende Fischarten im Sortiment hat. Ist dieser schwierige Zeitabschnitt überwunden, so ist die weitere Aufzucht mit *Artemia*- und *Cyclops*-Nauplien sowie fein zerriebenem Trockenfutterstaub einfach.

Barbenzucht

Bei der Zucht von Barben muß der Züchter eine ganze Reihe von mehr oder weniger wichtigen Punkten beachten. Unerfahrene Aquarianer versuchen sich dabei zunächst an leicht zu züchtenden Arten, die in bezug auf die Wasserparameter nicht so empfindlich sind. Nachdem der Aquarianer sich über seine zur Zucht vorgesehenen Barben ausreichend informiert hat, wird ein für die jeweilige Art angemessenes geräumiges Zuchtaquarium eingerichtet.

Da Barben unterschiedliche Lebensweisen aufzeigen, müssen bei Zuchtversuchen die Zuchtaquarien nach den arteigenen Erfordernissen eingerichtet sein. Daher werden hier unterschiedliche Methoden beschrieben. Auf die für die jeweilige Barbenart geeigneten Methoden (M1 bis M4) wird im Artenteil hingewiesen. Gelegentlich sind Barben schwierig zum Ablaichen zu bewegen, was stets daran liegt, daß der Züchter jene für die jeweilige Barbenart entscheidenden veränderten Wasserparameter und Umweltbedingungen noch nicht geschaffen hat, die eine ausreichende Laichmotivation überhaupt erst ermöglichen.

Barbenzucht

Einige Barbenarten brauchen eine ausgedehnte Phase, in der die natürlichen jahreszeitlichen Veränderungen vom Aquarianer nachempfunden werden. Erst dadurch lassen sie sich in Laichstimmung bringen. Gelegentlich hilft auch eine längere Trennung der Geschlechter, die – gut gefüttert – erst zur Zucht wieder beisammen gesetzt werden. Eine ausgiebige Fütterung im Zuchtaquarium darf aufgrund der negativen Beeinflussung des Wassers nicht erfolgen. Feines Lebendfutter ist für einen längeren Zuchtansatz sinnvoller als Trocken- oder Frostfutter. Dabei werden aber keine räuberischen Insektenlarven verfüttert, da diese sonst den Fischlarven gefährlich werden könnten. Das Zuchtaquarium muß Schnecken- und *Hydra*-frei sein! Es ist durchaus sinnvoll, Zuchtaquarien und Einrichtungsgegenstände vor einem Zuchtversuch gründlich zu reinigen und zu desinfizieren, um ein Infektionsrisiko empfindlicher Barbenarten mit Parasiten zu vermeiden und um unliebsame Plagegeister wie Planarien, Süßwasserpolypen und Schnecken sicher abzutöten. Zur Desinfektion eignen sich durchaus einfaches Kochsalz und heißes Wasser, weshalb auf gefährliche Chemikalien verzichtet werden kann. Pflanzen besitzen eine reichhaltige Mikrofauna, die auf der Pflanzenoberfläche aufsitzt und den Jungfischen eine Nahrungsgrundlage bietet. Daher sollten nur Pflanzen verwendet werden, die schon längere Zeit frei von Hydren und Schnecken sind, weil jene Chemikalien, welche Hydren und Schnecken abtöten, auch der auf den Pflanzen aufsitzenden Mikrofauna schaden.

Manche im Handel angebotenen Barben werden unter Behandlung mit Hormonen zur Nachzucht gebracht, da die normale Zucht bislang fehlschlug, besonders schwierig oder nicht effektiv genug ist. Bei einer ganzen Reihe, vor allem von größeren, Barbenarten sind die Weibchen eher laichreif als die gleichaltrigen Männchen. Daher werden nur vollentwickelte ausgewachsene Barbenmännchen für einen Zuchtansatz ausgewählt. Ob Barben in einer Gruppe oder Paarweise zur Zucht angesetzt werden, ist dem Züchter überlassen. Die Meinungen hierzu gehen zum Teil sehr weit auseinander und es sollte vom Züchter aufgrund der eigenen gesammelten Erfahrungen gehandhabt werden. In jedem Fall werden die zur Zucht angesetzten Paare nach dem vollständigen Ablaichen aus dem Aquarium gefangen und umgesetzt. Variationen der hier dargestellten Methoden sind möglich. Details zur Zucht der jeweiligen Barbenart lesen Sie bitte im Artenteil nach.

Laichroste werden im Handel nicht angeboten und sind daher selbst anzufertigen. Geeignet sind Nylonnetze, Edelstahlgitter, Gitterlochmatten aus Kunststoff oder Edelstahl und anderes mehr. Die verwendeten Materialien dürfen jedoch keine schädlichen Substanzen an das Wasser abgeben. Nylonnetze und Gitterlochmatten können auf einem Kunststoffrahmen mit aquarientauglichem Silikon befestigt werden. Jeder größere Baumarkt verfügt über eine Fülle geeigneter Materialien.

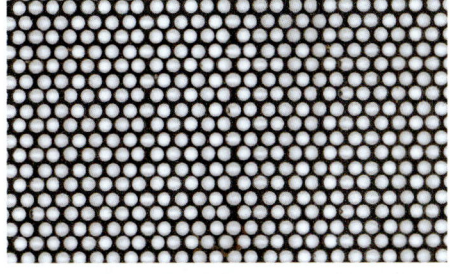

Methode 1 (M1)

Dabei werden ein wenig Bodengrund, einige Steine und Wurzelstücke auf den Aquarienboden gegeben, auf denen dann ein Laichrost gelegt wird. Der Laichrost wird gut befestigt und sollte mindestens 3 cm über den im Aquarium liegenden Materialien angebracht werden. Er muß weitmaschig genug sein, damit die Eier problemlos nach unten auf den Bodengrund fallen können, die großen Barben aber keine Möglichkeit haben, hindurchzuschlüpfen. Auch die Seiten des Laichrosts müssen verschlossen werden. Die für die Zucht geeigneten Wasserparameter werden eingestellt, dabei wird das Wasser nicht übermäßig hoch eingefüllt, da nach einer Paarung in höheren Wasserschichten die absinkenden Eier für einen längeren Zeitraum ungeschützt sind und die Gefahr, daß diese gefressen werden, groß ist. Über den Laichrost werden noch ein großes Büschel Javamoos und mehrere Büschel Javafarn sowie einige Steine und Wurzelstücke plaziert. Einige Schwimmpflanzen dunkeln das Aquarium etwas ab. Die für Schwarzwasserarten benötigten Huminstoffe geben wir in einen Stück Nylonstrumpf (mit Torffasern oder -granulat) oder geben diese in den Filtertopf. Bei der Verwendung eines Außenfilters ist eine Schaumstoffpatrone auf das Ansaugrohr zu setzen, weil sonst Eier und Larven eingesaugt werden. Daher sind einfache mit Luft betriebene Blubberfilter mit Schaumstoffpatronen gut geeignet. Die Heizung wird auf eine zur Zucht nötige Temperatur eingestellt. Sie braucht dabei nicht im Tag-Nacht-

3 Verschiedene Kunststofflaichroste, die noch durch passendes Zuschneiden hergerichtet werden müssen.

Kunststofffrasen mit einem feinen Laichrost darüber sind eine gute Lösung als Laichunterlage für viele größere Barben.

Die Maschenweite der Kunststofflaichroste muß sich nach dem voraussichtlichen Eidurchmesser und der Fischgröße richten. Die Eier müssen hindurch passen und die Fische dürfen nicht mit ihren Mäulern oder gar ganz hindurch gelangen können.

Hinweis:
Das Wasser darf keine organischen Belastungen aufweisen, da es sonst zur Verpilzung der Eier und Larven kommen kann. Um bei empfindlichen Fischeiern Laichverpilzung zu vermeiden, können handelsübliche Medikamente gegen Laichverpilzung verwendet werden. Die Dosierung ist jedoch gelegentlich schwierig. Auch huminsaures Wasser wirkt pilzhemmend.

Rhythmus zu schwanken. Sobald die Jungfische frei schwimmen wird der Laichrost entfernt.

Methode 2 (M2)

Dabei wird auf ein Laichrost verzichtet und das Aquarium weitgehendst „natürlich" mit geeignetem Bodengrund, Steinen, Wurzelstücken und vielen Pflanzen eingerichtet. Die hier im Aquarium verwendeten natürlichen Materialien, besonders die dichten Javamoospolster, bieten den Eiern und Fischlarven ausreichenden Schutz vor den Nachstellungen der zur Zucht angesetzten Fische. Dichte Pflanzenbestände müssen – vor allem im hinteren Bereich des Zuchtaquariums – den Barbenweibchen Rückzugsräume bieten. Javamoospolster bedecken dabei den überwiegenden Teil des Bodenbereichs. Schwimmpflanzen – wie das Hornkraut und die Muschelblume – geben den Fischen Sicherheit.

Methode 3 (M3)

Diese Methode ähnelt der M2. Bei den aus Schwarzwasser stammenden Arten verwenden wir jedoch Fasertorf als Bodengrund. Die Höhe der Torfschicht sollte etwa 2 bis 5 cm betragen. In jedem Fall ist eine Schwimmpflanzendecke einzubringen, um den Fischen ein Sicherheitsgefühl zu vermitteln – Hornfarn und Kleinohriger Büschelfarn sind sehr geeignet. Einige Wurzelstücke bieten Rückzugsräume für die Barbenweibchen. Der überwiegende Teil des Bodenbereichs wird mit dichten Javamoosbüscheln ausgelegt. Einige größer werdende Wasser-

pflanzen – wie beispielsweise die Schwarze Schwertpflanze – werden in den hinteren Bereich des Aquariums sowie in die Mitte gesetzt. Praktischerweise können für größer werdende Pflanzen Pflanztöpfe, wie sie in der Gärtnerei für eine Teichbepflanzung angeboten werden, Verwendung finden. Der Topf wird mit Lavabruch gefüllt. So ist ein sicherer Halt der Wasserpflanze im Topf und eine ausreichende Wasserzirkulation im Wurzelbereich der Pflanze gewährleistet.

Methode 4 (M4)

Hier wird ein Bach- oder Flußlauf nachgestellt – mit einer Schicht aus vielen groben Kieseln. Steine und Wurzelstücke bieten den Fischen Rückzugsmöglichkeiten. Pflanzen dürfen auch in diesem Zuchtaquarium nicht fehlen, da sie den Fischen Sicherheit bieten. Schraubenvallisnerien, die bis an die Wasseroberfläche reichen, sind sehr geeignet. Die Ecken und der Hintergrund können dabei dicht bepflanzt sein, der vordere und mittlere Bodenbereich muß frei bleiben, damit die Eier zwischen die Kiesel fallen können. Eine leichte Wasserbewegung ist von Vorteil. Die Kiesschicht sollte etwa 3 bis 4 cm Höhe betragen.

Professionelle Züchter verzichten auf Ästhetik im Zuchtaquarium und bieten den Fischen nur das Nötigste im meist kahlen, ohne Bodengrund eingerichtetem Vollglasaquarium. Dabei finden natürliche oder künstliche Laichroste Verwendung. Als Laichsubstrate werden auch künstliche Pflanzen oder ein „Laichmop"

Hinweis: Eine Laichverhärtung geht auf eine dauerhafte falsche Pflege zurück, bei der den Barben nicht die Möglichkeit zum Ablaichen gegeben wird; aber auch Wasser mit unverhältnismäßig hoher Gesamthärte kann eine Laichverhärtung verursachen. Betroffene Weibchen wirken mit ihren prallen Bäuchen als sehr für die Zucht geeignet, sie sind jedoch nicht mehr in der Lage, ihren Laich abzugeben. Falls die Barben noch nicht zu alt sind, könnte eine Pflege bei richtigen, für die jeweilige Art entsprechenden, Bedingungen Abhilfe schaffen. Die Pflegebedingungen der betreffenden Barbenart sind zu überprüfen. Regelmäßig laichende Weibchen sind die besten Zuchtfische, weil die von ihnen produzierten Eier in Qualität und Quantität von selten laichenden Barbenweibchen nicht erreicht werden können.

Barbeneier sind meist sehr winzig und durchsichtig, fast glasartig, so daß sie vom Aquarianer nur schwer zu entdecken sind. Die abgebildeten Eier sind bereits weiter entwickelt, die Augen der Larven sind erkennbar. Foto: H.-J. Richter

– wie er auch für die Killifischzucht Verwendung findet – angewandt. Eine andere Zuchtvariante ist der Ansatz eines laichwilligen Paars in einem Drahtkorb (z. B. Setzkäscher aus dem Angelgeschäft) oder geräumigen Nylonnetz mit ein wenig Javamoos als Laichsubstrat, welches im freiem Wasser schwebend fixiert wird. Die Maschenweite ist dabei so gewählt, daß nur die Eier hindurchfallen können. Der unerfahrene Züchter muß aber die Finger von diesen Zuchtmethoden lassen, da die nötige Erfahrung hierfür erst einmal erworben werden muß! Eine genaue Kenntnis des Verhaltens der zur Zucht angesetzten Barben ist eine wichtige Voraussetzung für den Zuchterfolg, da die Fische sonst – infolge Verletzungen an den Laichsubstraten oder durch die Partner – leicht zu Schaden kommen könnten.

Die Aufzucht von Jungfischen

Nach dem vollständigen Ablaichen der Barben fangen wir sie heraus. Die Eier entwickeln sich und werden etwas dunkler, so daß wir schließlich – je nach artspezifischer Entwicklungsdauer – die Larvengestalt in der Eihülle erkennen. Nach

Hinweis: Ein Zuchterfolg setzt die regelmäßige Kontrolle der zur Zucht angesetzten Barben voraus, um die Eltern nach dem Ablaichen möglichst bald aus dem Zuchtaquarium entfernen zu können.

dem Schlupf der Larven aus der Eihülle besitzen die Larven einen deutlich gelblich- bis orangefarbenen Dottersack, von dem sie in den ersten zwei bis drei Tagen zehren und auf keinerlei Nahrung zwingend angewiesen sind. Die Larven stre-

Die Larven der Barben sind sehr klein. Entsprechend winzig muß das erste zu verabreichende Futter für die Jungfische sein. Sobald feinstes Trockenfutter aufgenommen wird, welches der Züchter an den schön gerundeten Bäuchen der Jungfische sehen kann, sind sie über die kritische Phase hinweg. Eine Aufzucht mit Artemia-Nauplien und feinem Trockenfutter ist nun in der Regel sehr einfach.
Foto:
H.-J. Richter

ben nach dem Schlupf der Wasseroberfläche entgegen und heften sich dabei mit Klebefäden, durch am Kopf sitzende Drüsen, an Gegenständen nahe der Wasseroberfläche an. Bereits am zweiten oder dritten Tag füllen die Larven ihre Schwimmblasen an der Wasseroberfläche mit Luft und schwimmen fortan in horizontaler Lage. Ist der Dottersack aufgezehrt, so beginnen sie mit der Futtersuche und dringen dabei auch in tiefere Wasserschichten vor. Dabei stehen nun Infusorien und einzellige Algen auf dem Speiseplan. Dies ist bei vielen eierlegenden Fischen eine kritische Phase, die bei unerfahrenen Züchtern zu sehr großen Ausfällen führen kann. Verschiedene im Handel erhältliche Mittel – als Flüssigfutter oder Trockenfutterstaub – sind recht brauchbar, da sie von den Jungfischen direkt oder indirekt, über Infusorienbildung, aufgenommen werden. Besonders das feine grüne Trockenfutterpuder (sera micron) ist empfehlenswert. Zu einer größeren Infusorienbildung kommt es

auch durch die Zugabe einiger Tropfen Kondensmilch ins Aquarienwasser. Joghurtreste erfüllen dieselbe Aufgabe, jedoch wird Joghurt auch von den etwas größeren Barben gerne gefressen. Hilfreich bei der Aufzucht von Jungfischen sind ein niedriger Wasserstand – da die Futterkonzentration so höher ist – sowie eine leichte Wasserbewegung, da das Futter gleichmäßiger im Aquarium verteilt wird. Eine ausreichende Sättigung von im Wasser gelöstem Sauerstoff ist wichtig. Daher ist die Verwendung eines Sprudelsteins durch den die, von einer Pumpe gedrückte, Luft möglichst feinperlig zur Wasseroberfläche steigt, oder eines Oxidators sehr sinnvoll. Nachdem die Jungfische sich im Aquarium verteilen und auch tiefere Wasserschichten aufsuchen, darf die Wasserbewegung etwas verstärkt werden. Sobald feinstes Trockenfutter aufgenommen wird, welches der Züchter an den schön gerundeten Bäuchen der Jungfische sehen kann, sind sie über die kritische Phase hinweg. Eine Aufzucht mit *Artemia*-Nauplien und feinem Trockenfutter ist nun meist recht einfach.
Auf die Wasserqualität muß bei der Aufzucht von Jungfischen besonders geachtet werden. Reinigungs- und Pflegeeinsätze dürfen nicht vernachlässigt werden. Wird der pH-Wert stets unter 6,8 gehal-

ten, so wird die Bildung von fischgiftigem Nitrit vermieden. Aus den Stoffwechsel-einträgen entwickelt sich das in niedrigen Konzentrationen ungefährliche Nitrat. Ein dauerhaft hoher Nitratwert kann den Jungfischen jedoch schaden und sollte deshalb infolge regelmäßiger Teilwas-serwechsel gar nicht erst entstehen.

Bei zunehmender Größe der Nachzuch-ten müssen diese in ein geräumigeres Aquarium umgesetzt werden. Wasser-schnecken sind – sobald die Jungfische frei schwimmen – sehr nützlich, weil sie Futterreste, die sonst die Wasserqualität beeinträchtigen würden, vertilgen.

Hinweis: Zuchtaquarien, die zum Teil von der Sonne beschienen werden, bie-ten den Jungfischen aufgrund der ver-mehrten Algen- und Infusorienbildung eine bessere Nahrungsgrundlage. Zucht-aquarien dürfen daher ruhig etwas ver-algt sein.

Tip: „Grünes Wasser" aus der Regen-tonne eignet sich zur ersten Versorgung der Jungfische mit Infusorien und ein-zelligen Algen. Die Wasserparameter müssen dabei beachtet werden. Dazu wird eine entsprechende Menge (bei Aquarien mit 60 cm Kantenlänge etwa ein Liter) des grünen Wassers in mehreren kleinen Schritten ins Aquarium gegeben.

Sobald die Jungfische in der Lage sind, Trockenfutter-flocken zu bewältigen, ist ihr Wachstum rasant. Die hier abgebildeten Barbus filamen-tosus-*Jungfische sind nur einige Monate alt. Foto: Piednoir*

Artenteil

Bei den vielen Barben, die bis heute bekannt geworden sind, verliert der Aquarianer schnell die Übersicht. Nah miteinander verwandte Arten lassen sich in Formenkreise zusammenfassen und ermöglichen uns einen besseren Überblick der einzelnen Gruppen. Ein markanter Repräsentant ist namensgebend für den jeweiligen Formenkreis. Die Arten innerhalb eines Formenkreises weisen große Übereinstimmungen, sowohl in morphologischer Hinsicht, als auch im Verhalten, der Bevorzugung ähnlicher Lebensräume sowie der Ernährungsweise auf. Die Färbungsmerkmale von Jungfischen sind sehr charakteristisch und lassen den Ver-

wandtschaftsgrad der Barben zueinander erkennen. Mit zunehmendem Wachstum der Jungfische verändern sich die äußere Erscheinung und Zeichnungselemente jeweils in arttypischer Weise. Je näher die Arten miteinander verwandt sind, desto größer sind die Übereinstimmungen und Ähnlichkeiten von Merkmalen zwischen den Arten. Die Kriterien, die zu Beschreibungen von Arten und Gattungen führen, sind in der Biologie und auch in der Nomenklatur nicht ausreichend normiert und sind somit auch subjektive Beurteilungen des jeweiligen Beschreibers. Daher ist es möglich, daß verschiedene Fischkundler zu unterschiedlichen Er-

gebnissen kommen können. Wir Aquarianer sollten uns davon nicht allzusehr verwirren lassen, wenn es aus wissenschaftlicher Sicht richtig erscheint, einen Art- oder Gattungsnamen zu ändern. Obwohl Barben nur einen Teil der bislang mit über 1 400 beschriebenen Cyprinidenarten darstellen, so wird es bei der derzeit unüberschaubaren Anzahl von Barben sicherlich noch desöfteren zu Umbenennungen einzelner Art- und Gattungsnamen kommen. Zudem werden ständig neue Arten entdeckt, deren Lebensräume vorher vom Menschen noch nicht erschlossen worden waren. Aufgrund genauerer Untersuchungen sind auch vorher unbemerkte Arten, die einer beschriebenen Art sehr ähnlich sehen, sogenannte Geschwisterarten, entdeckt worden. Es gibt eine Reihe beschriebener Unterarten, welche – je nach Beurteilung des Fischkundlers – auch als eigenständige Arten behandelt werden.

Die hier vorgestellten Fische zählen überwiegend zu den bekannten und leicht zu beschaffenden Barbenarten. Aber auch einige bislang wenig oder kaum bekannte Barbenarten werden Ihnen hier vorgestellt. Dabei sind die Barben nach ihrem Vorkommen: Afrika, indischer Raum, Südostasien und China, in alphabetischer Reihenfolge aufgeführt. Das soll Ihnen die Auswahl geeigneter Pfleglinge, besonders für ein Biotopaquarium in welchem nur Arten eines Lebensraums gepflegt werden, erleichtern. Einige große, für „Normal-Aquarianer" nicht geeignete, Barbenarten sind am Schluß des Buchs aufgeführt.

Barbus barilioides
BOULENGER, 1914
Angolabarbe, Blaustrichbarbe

Afrika

Herkunft: Angola, Zimbabwe, Sambia und südlicher Kongo.
Lebensraumtyp: IV
Größe: Männchen 5 cm, Weibchen 6,5 cm.
Beschreibung: Die Blaustrichbarbe ist von langgestreckter Gestalt. Männchen sind schlanker und besitzen einen, je nach Fundortvariante, mehr oder weniger intensiven roten Farbton auf den Körperseiten und in den Flossen. Charakteristisch sind die kleinen vertikalen, blauen, unregelmäßigen Streifen dieser Barbe, die sich auf den Körperseiten befinden. Sie reichen nicht bis zum Rücken- und Bauchbereich. Während Männchen nur etwa acht bis elf dieser Streifen zeigen, sind es beim Weibchen meist mehr oder gar doppelt so viele. Doch gibt es auch abweichende Populationen, bei denen die Streifenanzahl variabel ist. Große Weibchen sind leicht an ihrem fülligen Bauchumfang (Laichansatz) zu erkennen, auch sind sie an Körper und Flossen blasser gefärbt (s. S. 34).
Haltung: Bei einer Wassertemperatur zwischen 20-26 °C, 3-15 °dGH, 0-5 °KH und einem pH-Wert von 5,5-7,5. Aquarien ab 80 cm Kantenlänge sind zu empfehlen.
Pflege: Diese Barbe muß in einer größeren Gruppe gepflegt werden, sonst bleibt sie etwas scheu. Einer Vergesellschaftung mit ruhigen, friedlichen Fischen steht nichts entgegen. Torfzusätze zum Wasser sind zu empfehlen.
Eine mittlere bis schwache Wasserbewegung ist ausreichend. Ein Teilwasser-

wechsel von etwa $1/4$ des Aquarienwassers alle vier bis sechs Wochen ist ausreichend. Das Licht sollte durch Schwimmpflanzen gedämpft werden. Für eine ausreichende Bepflanzung ist zu sorgen.

Futter: Allesfresser. Wegen der kleinen Mäuler sind entsprechende Futtersorten anzubieten. Gelegentliche Zugaben feiner pflanzlicher Kost sind wichtig.

Zucht: M3. Bei einer Wassertemperatur von etwa 25 °C, 3-7 °dGH, 0-2 °KH und einem pH-Wert von etwa 6. Torfzusätze sind zu empfehlen. Laicht paarweise in und über weichem Substrat. Torffasern und Javamoos sind als Bodengrund und Laichsubstrat gut geeignet; Aquarien ab 60 cm Frontlänge.

Besonderes: Nach LEVEQUE & DAGET (1984) stellt *B. barilioides* ein Synonym zu *B. fasciolatus* dar. GÜNTHER beschrieb 1868 eine „ähnliche" Barbe als *Barbus fasciolatus*, welche sich, laut älterer Literatur, in der Lebendfärbung durch ihre flächige grüne Färbung am Körper von *B. barilioides* unterscheiden soll. Dabei ist es unklar, ob es sich um eine andere Art oder um eine in der Färbung abweichende Fundortvariante handelt. Da *Barbus barilioides* der bislang meist verwendete Name dieser Barbenart ist, wird dieser bis zur Klärung des Sachverhalts weiterhin verwendet. Gelegentlich wird eine bräunliche „Variante" angeboten, deren Streifenzeichnung bei beiden Geschlechtern beinahe gleich ist und deren Flossen etwas länger erscheinen. Inwieweit ein möglicher Formenkreis um *B. barilioides* besteht und ob nähere verwandtschaftliche Beziehungen zu *B. jae* existieren, muß noch untersucht werden.

Barbus candens-Formenkreis
Arten: *Barbus candens,* *B. hulstaerti, B. papilio*

Barbus candens
(NICHOLS & GRISCOM, 1917)
Zaire-Zwergbarbe, Rötliche oder Kleine Dreifleckbarbe
Herkunft: Kongo
Lebensraumtyp: III, IV
Größe: 3,5 bis 4 cm.
Beschreibung: Eine durch ihre Punktreihe am Körper kleine, markante Barbenart. Die Körperflecken sind arttypisch und befinden sich in etwa auf der Höhe der Augen. Ein kräftiger Fleck befindet sich jeweils zwischen dem Kiemendeckelrand und dem Rückenflossenansatz, zwischen der Rückenflosse und den Bauchflossen und einer auf der Schwanzflossenwurzel. Die Körpergrundfarbe ist beim Männchen bräunlich bis zart rötlich. Weibchen sind blasser gefärbt und zeigen eine bräunliche bis gelbliche Kör-

Blaustrichbarben, Barbus barilioides, lieben weiches und huminsaures Wasser.
Foto:
Dr. A. Lamboj

pergrundfarbe. Männchen besitzen eine rötlich bis orange gefärbte Rücken- und Afterflosse. Der obere Teil der Rückenflosse ist kräftig schwarz gefärbt. Die Flossen der Weibchen sind wesentlich blasser, auch sind die Körperflecken kleiner.

Haltung: Aquarien ab 60 cm Kantenlänge. Wassertemperaturen zwischen 20-24 °C, 0-8 °dGH, 0-2 °KH und ein pH-Wert zwischen 5,5-7 sind günstige Wasserparameter für diese Art, sehr empfehlenswert sind Torfzusätze.

Pflege: Diese zarte und empfindliche Art sowie die anderen Arten des selben Formenkreises sind im Artaquarium am besten aufgehoben. Eine Vergesellschaftung mit anderen kleinen und friedlichen Arten ist jedoch möglich. Eine leichte Schwimmpflanzendecke zur Dämpfung der Lichtintensität sowie ein dunkler Bodengrund mit Fallaub und Fasertorfstücken sind zu empfehlen. In einer größeren Gruppe sind diese Fische weniger scheu. Ein Teilwasserwechsel, etwa $^{1}/_{4}$ des Aquarienwassers, alle vier bis sechs Wochen ist ausreichend. Der Filter muß so eingestellt sein, das er nur eine sehr sanfte Wasserbewegung verursacht.

Futter: Allesfresser. Feines maulgerechtes Lebendfutter steigert das Wohlbefin-

den dieser Fische.

Zucht: M3. Ähnlich *B. barilioides.* Bei einer Wassertemperatur zwischen 19-22 °C, 0-3 °dGH, 0 °KH und einem pH-Wert zwischen 5 und 5,8. Aquarien ab 40 cm Länge sind für einen paarweisen Ansatz geeignet.

Besonderes: Selten gepflegte und gezüchtete Art. Sie stellt höhere Ansprüche an den Pfleger, besonders bei der Aufzucht der Jungfische, die sehr umsorgt werden müssen. Die Jungfische müssen stets unter optimalen Bedingungen, also beste Wasserqualität bei ausgiebigen und ausgewogenen Futterangebot, aufgezogen werden, da sie sonst regelrecht verkümmern können. Liebhabern kleiner, ruhiger Fische kann diese Barbenart sehr empfohlen werden.

Barbus hulstaerti POLL, 1945
Hulstaerts Schmetterlingsbarbe

Herkunft: Kongogebiet und Angola.
Lebensraumtyp: III, IV
Größe: 3,5 bis 4 cm
Beschreibung: Von der Körperform ist diese Barbe *Barbus candens* recht ähnlich. Männchen besitzen eine zart rötliche, bei seitlichem Lichteinfall eine hellblaue Färbung der Körperseiten. Die Weibchen sind bräunlich gefärbt. Der erste Körperfleck ist halbmondartig ausgeprägt. Auf der Körpermitte ist der zweite Fleck etwa doppelt so groß wie bei *Barbus candens*, welcher in Richtung der Bauchflossen und der Afterflosse seitlich verzerrt ist. Der Schwanzwurzelfleck ist wesentlich schmaler als bei *B. candens*. Bei den Weibchen sind die Körperflecken

Ein Weibchen der Kleinen Dreifleckbarbe. Im Gegensatz zu den Männchen sind die Weibchen dieser Art recht farblos und lassen die Färbung der Männchen nicht erahnen, so daß Laien sie für unterschiedliche Arten halten können. Foto: H.-J. Richter

Alle Barben aus dem Barbus candens-*Formenkreis sollten in Artaquarien gepflegt werden.*

kleiner, der Schwanzwurzelfleck ist rund.
Die Flossenfärbung ist etwas intensiver
als bei *B. candens.*

Haltung, Pflege, Futter und Zucht: Siehe
bei *Barbus candens.*

Besonderes: Hulstaerts Schmetterlingsbarbe ist eine Kostbarkeit, die hohe
Ansprüche an den Pfleger stellt. Leider
wird sie äußerst selten importiert (s. a.
B. candens). Die Schmetterlingsbarbe,
Barbus papilio BANISTER & BAILEY, 1979,
ist eine weitere, sehr selten eingeführte
Schwesternart, welche bislang aquaristisch unbekannt geblieben ist.

Barbus callipterus
BOULENGER, 1907
Prachtflossenbarbe

Herkunft: Westafrika, Kamerun bis Niger

Lebensraumtyp: II, IV, VI

Größe: 9 bis 11 cm

Beschreibung: Die Prachtflossenbarbe ist
von gestreckter Gestalt. Jungfische und
halbwüchsige sind relativ farblos. Der
Körper schimmert silbrig-grün und zeigt
ein zartes Netzmuster auf den Körperseiten, welches in der Körpermitte stärker ausgeprägt ist. Erwachsene Barben

zeigen ein kräftigeres Grün auf den Flanken. Die Augen leuchten rot. Die Rückenflosse ist beim Männchen länger ausgezogen. Auch sind die Flossen beim Männchen intensiver gelblich oder rötlich
gefärbt. Charakteristisch für diese Art ist
der deutliche schwarze Fleck in der
Rückenflossenspitze.

Haltung: Aquarien ab 80 cm Kantenlänge,18-26 °C Wassertemperatur, pH-Wert
von 5,5-7,5, 0-20 °dGH, 0-5 °KH.

Pflege: Möglichst in einer Gruppe von
mindestens sieben Fischen. Prachtflossenbarben können mit nicht zu kleinen
Fischen vergesellschaftet werden. Eine zu
starke Wasserströmung muß vermieden
werden. Schwimmpflanzen sind empfehlenswert, um die Springfreudigkeit zu
dämpfen. Etwa alle drei bis vier Wochen
kann bis $1/3$ des Aquarienwassers ausgetauscht werden. Da diese Barbenart einen
intensiven Stoffwechsel hat, muß die Filterleistung hoch sein und mindestens
das 1,5fache des Aquarienvolumens in
der Stunde betragen.

Futter: Allesfresser. Lebendfutter sowie
zartes Grünfutter müssen zugefüttert
werden.

Zucht: M1, M2. 23-25 °C Wassertemperatur, pH-Wert von 6-7, 0-15 °dGH, 0-5 °KH. Laichen paarweise oder auch im Gruppenansatz im Frischwasser, in Aquarien ab 80 cm Kantenlänge.

Besonderes: Wenig gepflegte Art, die nur in einer größeren Gruppe und in geräumigen Aquarien bei ausreichender Bepflanzung und versteckreicher Gestaltung ihrem Namen gerecht wird.

Barbus camptacanthus
(BLEEKER, 1863)
Afrikanische Fleckenbarbe
Herkunft: Gabun
Lebensraumtyp: II, IV, VI

Größe: Bis etwa 12 cm, ausnahmsweise bis zu 15 cm.

Beschreibung: Vom Körperbau her erinnert sie an *Barbus everetti*, von der Färbung jedoch stark an den Schönflossenbärbling *Rasbora kalochroma*. *Barbus camptacanthus* ist von kräftiger Statur, besonders ältere Fische. Auf dem braungelblichen Körper befinden sich bei adulten Exemplaren zwei markante blaugrüne große Flecken. Ein länglicher oder kräftiger, großer, runder Seitenfleck befindet sich auf der Schwanzflossenwurzel, der andere rundliche Seitenfleck etwas hinter dem Kiemendeckelrand, in Höhe des Auges. Junge und halbwüchsige Barben sind mehr silbrig-grünlich gefärbt. Dabei ist gelegentlich auch ein weiterer, jedoch schwacher, Seitenfleck zwischen den anderen beiden vorhanden. Die Seitenflecken und übrige Körperfärbung unterscheiden sich je nach Fundort etwas; Größe, Lage und Form der Seitenflecken sind aber auch individuelle Merkmale. Eine rötliche bis blauschwarze Punktreihe verläuft entlang der Seitenlinie. Die Flossen sind gelblich bis rötlich gefärbt. Weibchen lassen sich am etwas blasseren und plumper wirkenden Erscheinungsbild erkennen.

Haltung: 23-26 °C, 3-15 °dGH, 0-5 °KH und ein pH-Wert von 5,5-7,2 sowie im Wasser gelöste Huminstoffe sind zu empfehlen. Das Aquarium sollte mindestens 1,2 m Kantenlänge aufweisen.

Pflege: *B. camptacanthus* muß in einer Gruppe ab sieben Fischen gepflegt werden. Eine Vergesellschaftung mit kleinen Fischen ist nicht zu empfehlen. Eine kräftige Bepflanzung mit harten und ausdauernden Wasserpflanzen ist nötig. Wurzelstücke und größere Steine bieten den gelegentlich untereinander ruppigen Barben Rückzugsbereiche. Einige Schwimmpflanzen plazieren wir in den Aquarienecken an der Wasseroberfläche. Ein kräftiger Filter sorgt für eine ausreichende Wasserfilterung und -umwälzung, es wird eine mäßige bis mittlere Wasserbewegung eingestellt. Leicht torfiges Wasser fördert das Wohlbefinden.

Im Bild ein ausgewachsenes Weibchen der Afrikanischen Fleckenbarbe. Diesen kräftigen Barben bieten wir eine ausgewogene Mischkost. Dazu gehören neben Regenwürmern (Lumricus) und Wasserasseln (Asellus) auch zarte pflanzliche Kost wie beispielsweise zerquetschte Erbsen und Möhren aus der Dose.
Foto: Dr. A. Lamboj

38

Futter: Allesfresser. Kräftige Nahrungsbrocken werden bevorzugt.

Zucht: M1, M2, M4. Es muß darauf geachtet werden, daß laichwillige *B. camptacanthus* recht stürmisch zur Sache gehen
und die Aquarieneinrichtung durchein-
ander bringen können. Eine Wassertemperatur von etwa 25 °C, bei 3-10 °dGH,
0 °KH und einem pH-Wert von 5,8-6,8
sind für einen Zuchtversuch geeignet.
Aquarien ab 80 cm Kantenlänge.

Besonderes: *B. camptacanthus* ist eine
besonders attraktive Barbenart, die in
ihrer äußeren Erscheinung dem Schönflossenbärbling, *Rasbora kalochroma*,
ähnlich ist. Unverständlicherweise wird
sie leider so gut wie nie importiert, daher
ist der Liebhaber auf reisende Aquarianer angewiesen. *B. camptacanthus* ist
eine gut zu pflegende und zu züchtende
prächtige Barbenart.

Barbus holotaenia
BOULENGER, 1904
Längsstrichbarbe

Herkunft: Über Angola bis Kamerun und
Zaire.

Lebensraumtyp: I, II, III, IV, V, VI

Größe: Etwa 10 cm, ältere Weibchen können geringfügig größer werden.

Beschreibung: Sehr agile Barbe von schlanker Gestalt. Der Rücken ist bräunlich bis
grünlich, die Körperseiten je nach Lichteinfall blau-silbrig glänzend. Ein kräftiges
blau-schwarzes Band verläuft entlang der
Körpermitte von der Nase, über das im
oberen Teil rot gefärbte Auge, bis in die
Schwanzflosse. Die Flossen sind zart rötlich gefärbt. Weibchen sind kräftiger

gebaut und etwas blasser gefärbt.

Haltung: Wasserwerte von 24-27 °C, 3-
15 °dGH, 0-5 °KH und ein pH-Wert von
5,8-7,5 sind zu empfehlen. Das Aquarium
sollte mindestens 80 cm Kantenlänge aufweisen, besser ist jedoch 1 m.

Pflege: Die Längsstrichbarbe kann in einer
Gruppe ab sieben Fischen gepflegt werden. Einer Vergesellschaftung mit anderen friedlichen Arten steht nichts im Wege.
Torfzusätze sind zu empfehlen. Eine
Bepflanzung mit harten und kräftigen Wasserpflanzen ist anzuraten. Wurzelstücke
aus Moorkienholz bieten den Fischen
Rückzugsmöglichkeiten. Der Filter sollte
etwa das Doppelte des Aquarienvolumens
pro Stunde filtern, dabei jedoch keine starke Wasserbewegung verursachen. Ein Teilwasserwechsel, von etwa $1/4$ des Aqua-
riumwassers, alle vier bis sechs Wochen ist
ausreichend. Achtung – springt gut!

Futter: Allesfresser, auch zarte Pflanzen.

Zucht: M1, M2, M3. Die Wassertemperatur wird auf etwa 26 °C, der pH-Wert auf
unter 6,8 und die Gesamthärte zwischen
3-5 °dGH eingeregelt. Die Karbonathärte sollte bei 0 °KH liegen; Torfzusätze
sind zu empfehlen. Für einen paarweisen
Ansatz sind Aquarien ab 60 cm Kantenlänge genügend.

Besonderes: Die Längsstrichbarbe ist eine
wunderschöne und nicht schwer zu hal-
tende und zu züchtende Art, die dem
Aquarianer viel Freude bereiten kann.
Barbus holotaenia wird oft mit der recht
ähnlichen *B. ablabes* BLEEKER, 1863 verwechselt. Bei dieser Art endet das blauschwarze Band jedoch in der Schwanzflossenwurzel.

Barbus jae BOULENGER, 1903
Kleine Blaustrichbarbe, Afrikanische Zwergbarbe

Herkunft: Kamerun, nördliches Gabun, im Yae und Kribi.

Lebensraumtyp: I, II, III, IV

Größe: Etwa 4 cm, Männchen bleiben geringfügig kleiner.

Beschreibung: Eine zarte bräunlich-rote Barbe. Sie ähnelt ein wenig der Blaustrichbarbe, ist jedoch nicht so schlank wie diese. Weibchen besitzen einige angedeutete blau-schwarze Querbänder, die bei den Männchen, je nach Population, fehlen können. In der Laichstimmung sind die Männchen besonders intensiv rot gefärbt. Die Weibchen sind im ganzen blasser gefärbt und hochrückiger gebaut.

Haltung: Bei etwa 3-5 °dGH, 0 °KH, 23-25 °C und einem pH-Wert zwischen 5,2-6,8. Das Aquarium muß eine Kantenlänge von mindestens 60 cm aufweisen.

Pflege: *Barbus jae* ist in einem Artaquarium am besten aufgehoben. Die von dieser Barbenart gestellten Ansprüche sind der des *Barbus candens*-Formenkreises ähnlich (s. a. *B. candens*). Auf eine stets gute Wasserqualität ist zu achten.

Futter: Allesfresser. Feines maulgerechtes Lebendfutter fördert das Wohlbefinden dieser Fische.

Zucht: M1, M2, M3. Eine Wassertemperatur von etwa 24-26 °C, bei 0-3 °dGH, 0 °KH und ein pH-Wert zwischen 5,5 und 6,2 sind ausreichend. Torfzusätze sind

zu empfehlen. Siehe auch bei *B. candens* und *B. barilioides*. Aquarien ab 40 cm Kantenlänge sind ausreichend.

Besonderes: Leider ist diese hübsche Barbenart sehr empfindlich, so daß eine schlechte Wasserqualität schnell Fischtuberkulose auslösen kann. Gesunde *B. jae* sind im Handel selten zu finden, auch werden sie nur selten importiert. Sinnvoll ist nur der Kauf von wirklich gesunden Fischen, da kranke Fische meist nicht zu retten sind. Sollte sich dem wirklich interessiertem Aquarianer diese Möglichkeit bieten: Unbedingt zugreifen! Sie ist Liebhabern kleiner Karpfenfische wärmstens zu empfehlen. Ob *B. jae* zu einem möglichen *B. barilioides*-Formenkreis gehört, bleibt bis zum Abschluß einer genetischen Untersuchung ungeklärt.

Barbus holotaenia wird oft mit anderen ähnlichen Arten verwechselt. Hier ein junges Pärchen. Bei ausgewachsenen Längsstrichbarben reicht der blauschwarze Streifen bis in die Schwanzflosse.

Im Bild eine halbwüchsige Kleine Blaustrichbarbe, Männchen. Die Bänderung zeigt Ähnlichkeiten zu Barbus barilioides auf.

Blaustrichbarbenweibchen

2 Fotos: F. Schäfer

39

Barbus filamentosus-Formen-kreis
Arten: *Barbus arulius arulius, B. arulius tambraparniei, B. arulius srilankensis, B. filamentosus, B. mahecola.*

Barbus arulius arulius
(JERDON, 1849)
Prachtglanzbarbe
Herkunft: Indien, Cauvery-Flußsystem, Wynaad, Nilgiri bis Kottayam in Kerala.
Lebensraumtyp: II, IV, VI
Größe: Etwa 9 bis 13 cm.
Beschreibung: Typisch ist die beim Männchen schwärzliche und ausgezogene Rückenflosse. Vor allem bei alten Männchen stellen die weit bis in die Schwanzflosse ragenden verlängerten schwarzen Rückenflossenstrahlen ein unverwechselbares Merkmal dar. Der Rücken der

Prachtglanzbarbe ist von der Schnauze bis zum Rückenflossenansatz dunkel braun bis grünlich gefärbt. Vor dem Rückenflossenansatz befindet sich ein schwarzer Körperstreifen, der bis in die Körpermitte verläuft. Auf dem Rücken läuft ein kleines schwarzes Band vor der Rückenflosse in den breiten Körperstreifen. Etwa am Rückenflossenende befindet sich ein sich über einige wenige Schuppen erstreckender schwarzer Fleck. Am Anfang des Schwanzstiels befindet sich ein weiterer Körperstreifen, der ebenfalls wie der erste den Körper nicht umschließt. Die Schwanzflossenwurzel besitzt einen deutlichen schwarzen Fleck. Nicht immer sichtbar ist ein kleinerer schwarzer Fleck hinter dem Kiemendeckel, etwa in Augenhöhe. Ein schwaches unauffälliges leicht rußiges Band verläuft von der Schnauze bis in die

Ein fast ausgewachsenes Männchen, bei dem die Rückenflossenstrahlen schon etwas ausgezogen sind. Männchen sind untereinander zänkisch; daher ist es ratsam diese Barben stets in einer größeren Gruppe zu Pflegen.
Foto:
H.-J. Richter

Schwanzflossenwurzel, die Körperstreifen enden in diesem Band. Oberhalb dieses Bands ist der Körper beim Männchen grünlich, der untere Bereich weißlich gefärbt. Je nach Fundort und Stimmung der Barbenmännchen ist auch ein blaugrünlicher oder zart rosafarbener Glanz am Körper vorhanden. Die Weibchen sind eher silbrig gefärbt. Sowohl Männchen als auch Weibchen weisen eine rote Schwanz- und Afterflosse auf, deren Intensität vom Fundort und der Stimmung der Barben abhängig ist.

Haltung: Bei einer Wassertemperatur zwischen 22-26 °C, 3-15 °dGH, 0-5 °KH und einem pH-Wert zwischen 5,8-7,5. Aquarien von mindestens 1 m Kantenlänge sind zu empfehlen.

Pflege: Da ältere Männchen zeitweilige eine hohe innerartliche Aggression aufweisen, sind mindestens vier Männchen mit mehreren Weibchen zusammenzupflegen, damit sich die Aggressionen nicht gezielt auf nur wenige Individuen konzentrieren. Für einen Strömungsbereich, in dem die Barben gegen die Wasserströmung anschwimmen können, ist Sorge zu tragen. Ein kräftiger Filter wird empfohlen. Ein Teilwasserwechsel von etwa $1/4$ bis $1/3$ des Aquarienwassers gegen Frischwasser, alle drei bis sechs Wochen ist ausreichend. Prachtglanzbarben lieben frisches und vor allem sauerstoffreiches Wasser! Dauerhaft hohe Wassertemperaturen über 26 °C müssen daher vermieden werden!

Futter: Allesfresser. Kräftige tierische sowie zarte pflanzliche Nahrung.

Zucht: M1, M2, M4. Die Zucht ist einfach, jedoch oftmals nicht sehr ergiebig. Eine Wassertemperatur von etwa 23-25 °C, 3-10 °dGH, 0 °KH und ein pH-Wert von 6-

Junges, hell gefärbtes Barbus arulius srilankensis-Männchen. Je nach Stimmung vermögen sich diese Barben rasch umzufärben.

7 sind zu empfehlen. Die Männchen treiben intensiv, daher ist ein Gruppenansatz von einem Männchen mit drei Weibchen günstig. Achtung – Weibchen könnten in zu engen und karg eingerichteten Aquarien zu Tode gehetzt werden! In einem großen Zuchtaquarium können wir jedoch die ganze Barbengruppe gemeinsam zur Zucht ansetzen. Aquarien ab 80 cm Kantenlänge sind geeignet.

Besonderes: Sind nur zwei Männchen dieser Barbenart in einem Aquarium, so können diese sich durch andauernde Kämpfe derart verletzen, daß schließlich beide an den äußeren und inneren Verletzungen sterben.

Die Unterart *B. arulius tambraparniei* (SILAS, 1954) ist aquaristisch unbekannt. Diese Unterart stammt aus dem Tamraparny, Tamil Nadu, Südindien. Je nach Fundortpopulation variieren *Barbus arulius* in der Größe und in der Färbung.

Barbus arulius srilankensis
SENANAYAKE, 1985
Sri Lanka-Prachtglanzbarbe
Herkunft: Sri Lanka
Lebensraumtyp: II, VI
Größe: Männchen etwa 7 bis 9 cm, Weibchen 11 bis 13 cm Gesamtlänge.
Beschreibung: Männchen können eine zarte Rosafärbung zeigen, die Flossen sind bei dieser Unterart weniger bunt; Weibchen sind blasser. Diese Form weicht in ihrer äußeren Erscheinung wenig von der Nominatform ab, sie ist oft dunkler.
Haltung, Pflege und Futter: S. bei *B. arulius*.
Zucht: M1, M2, M4 (siehe bei *B. arulius*).
Besonderes: Die Weibchen werden bei dieser Unterart größer als die Männchen. Der Status von *B. arulius srilankensis* ist umstritten. Während einige Fischkundler darin nur eine Fundortvariante sehen, stellen andere sie sogar in den Rang einer Art oder wenigstens einer Unterart.

Die Weibchen der von Sri Lanka stammenden Prachtglanzbarben werden größer als ihre Männchen. Je nach Fundort kann die Färbung der Barben verschieden sein.

Barbus filamentosus
(VALENCIENNES, 1844)
Tränenstrichbarbe

Herkunft: Indien: Malarbar-Küste, Kerala, Allepey, Goa, Cauvery-Flußsystem sowie Sri Lanka.

Lebensraumtyp: II, IV, VI

Größe: Bis zu 15 cm Totallänge.

Beschreibung: Ausgewachsene Barben besitzen einen kräftigen Körper. Sie zeigen einen braun-grünen Rücken. Die Körperseiten sind beim Weibchen silbrig, beim Männchen dagegen grünlich-gelb mit einem mehr oder weniger intensiven rosarotem Schimmer. Je nach Lichteinfall schimmern die Körperseiten auch in Regenbogenfarben. Alle Flossen weisen für gewöhnlich eine rötliche Färbung auf. Charakteristisch ist ein schwarzer Fleck am Anfang des Schwanzstiels, welcher bei den Männchen in Richtung der Schwanzflosse leicht ausgezogen ist und die Form eines Tropfens oder einer Träne hat. Dieses Merkmal trifft jedoch nicht für alle Populationen zu. Bei alten Männchen der Tränenstrichbarbe sind die Rückenflossenstrahlen stark verlängert und können bis in die Schwanzflosse reichen. Halbwüchsige *B. filamentosus*-Männchen sehen den Weibchen noch sehr ähnlich (s. Fotos S. 9 und 31).

Haltung: 22 bis 26 °C Wassertemperatur, 3-15 °dGH, 0-5 °KH und ein pH-Wert zwischen 5,8 und 7,5 sind günstig. Aquarien ab 1,5 m Kantenlänge sind geeignet.

Pflege: Die Tränenstrichbarbe ist weniger aggressiv als *B. arulius*, daher können auch wenige Männchen beisammen gepflegt werden. Grundsätzlich müssen aber mindestens fünf Barben in einem Aquarium gepflegt werden. Ein leicht durch Huminstoffe angesäuertes Wasser fördert ihr Wohlbefinden. Ein leistungsstarker Filter ist notwendig, da der Stoffwechsel der Barben hoch ist (siehe auch bei *B. arulius*).

Futter: Allesfresser, auch zarte Pflanzen. Wasserlinsen werden gerne als pflanzliche Zusatzkost angenommen. Ansonsten kräftige tierische Kost.

Zucht: M1, M2, M4. Ähnlich der von *B. arulius*, jedoch weniger aggressiv (siehe auch bei *B. arulius*).

Besonderes: Je nach Fundort und den dortigen Lebensumständen weisen sie zum Teil abweichende Färbungen auf. Auch die verlängerten Rückenflossenstrahlen der Männchen sind je nach Fundort und dem Alter der Männchen verschieden lang ausgezogen. Diese Barbenart zeigt erst ab einem Alter von etwa drei Jahren ihre wirkliche Farbenpracht. Die Jungfische besitzen auf ihrem silbrigen Körper vier schwarze Bänder und sehen erwachsenen Tränenstrichbarben zunächst überhaupt nicht ähnlich. Sie färben sich nur sehr langsam um. *B. mahecola* stellt kein Synonym zu *B. filamentosus* dar; im Gegensatz zu *B. filamentosus* sind die Rückenflossenstrahlen bei *B. mahecola* nicht ausgezogen. Konservierte Exemplare von *B. mahecola* sehen *B. filamentosus* sehr ähnlich und wurden daher für Weibchen dieser Barbenart angesehen. Ob die von DAY 1868 als *B. lepidus* beschriebene Art wirklich ein Synonym zu *B. filamentosus*, eine Unterart oder gar eine gute Art darstellt, muß nochmals geprüft werden.

*Die Mahecola-
barbe braucht
größere Aqua-
rien, in denen
sie in einer
Gruppe ge-
pflegt werden
sollte. Leider
wird sie so gut
wie nie impor-
tiert.
Im Bild ein aus-
gewachsenes
Weibchen.
Foto:
M. Matzusaka*

Barbus mahecola
(VALENCIENNES, 1844)
Mahecolabarbe

Herkunft: Südwest-Indien
Lebensraumtyp: II, IV, VI
Größe: Etwa 10 bis 13 cm.
Beschreibung: Die Mahecolabarbe ist *B. filamentosus* sehr ähnlich. Sie besitzt jedoch im Gegensatz zu *B. filamentosus* ein Paar Oberlippenbarteln. Charakteristisch sind auch die Zeichnungselemente in den Spitzen der Schwanzflossenlappen bei adulten Fischen: von innen nach außen rot – schwarz; eine rote, kurze Rückenflosse deren Flossenstrahlen nicht verlängert sind sowie eine rote Nase und ein schwach rotes Band entlang der Seitenlinie bis zum großen schwarz-bläulichen Tränenfleck. Der Rücken ist dunkel, die Körperseiten hell weiß-gelblich gefärbt. Die Schuppen am Rücken glänzen zart bläulich bis kupferfarben. Hinter dem Auge befindet sich ein kleiner dunkelblauer Bereich, der bis zum Kiemendeckelrand reicht. Die Brustflossen sind rötlich gefärbt. Der Innenbereich der Schwanzflosse sowie die After- und Bauchflossen sind relativ farblos. Weibchen bleiben viel blasser gefärbt.
Haltung, Pflege, Futter und Zucht: Siehe bei *B. filamentosus*.
Besonderes: Aufgrund der Ähnlichkeit der Arten wurde diese lange Zeit als Synonym zu *B. filamentosus* gewertet. Lebende Exemplare lassen sich problemlos von *B. filamentosus* unterscheiden. Diese prächtige Art wird leider nur sehr selten importiert.

Barbus bandula
(KOTTELAT & PETHIYAGODA, 1991)
Bandulabarbe

Herkunft: Sri Lanka
Lebensraumtyp: II
Größe: Etwa 5 cm.
Beschreibung: Sie ist der Purpurkopfbarbe, *B. nigrofasciatus* sehr ähnlich und wird oft mit ihr verwechselt. *B. bandula* fehlt jedoch das Mittelband und sie ist nicht so intensiv gefärbt wie ihre größere Schwesternart. Die Männchen haben einen roten Kopf, schwarze Bauchflossen, eine schwarze Rückenflosse sowie einen roten

*Klein, hübsch
und selten:
Die Bandula-
barbe. Sie darf
nur mit kleine-
ren friedlichen
Fischen oder
im Artaquari-
um gepflegt
werden.
Foto:
M.-P. & C.
Piednoir*

Schwanzstiel. Weibchen sind blasser, ihnen fehlt die rote Farbe am Kopf und auf dem Schwanzstiel (s. a. b. *B. nigrofasciatus*).

Haltung: Für diese weich- und frischwasserliebende Barbenart müssen die Wasserwerte bei 20-26 °C, 3-10 °dGH, 0-3 °KH und bei einem pH-Wert zwischen 5,8 und 7,5 liegen. Das Aquarium muß mindestens 80 cm Kantenlänge aufweisen.

Pflege: In einer Gruppe von mindestens sieben Individuen sind sie wenig scheu und lassen eine umfassende Beobachtung ihres Verhaltens zu. Ein guter Filter und regelmäßige Wasserwechsel sind wichtig. Alle drei bis fünf Wochen muß etwa ⅓ des Aquarienwassers gegen weiches Frischwasser ausgetauscht werden. Auf eine möglichst gleichbleibende gute Wasserqualität ist zu achten!

Futter: Allesfresser, Flockenfutter auf rein pflanzlicher Basis sollte zugefüttert werden. Feines Lebendfutter fördert das Wohlbefinden dieser Barben.

Zucht: M1, M2. Oft nicht sehr ergiebig. Die Wassertemperatur sollte etwa 25 °C betragen. Ein pH-Wert zwischen 6 und 6,8 sowie eine niedrige Gesamthärte um 3 °dGH bei 0 °KH wirken sich günstig aus. Kurz vor dem Zuchtversuch wird dem Aquarium Frischwasser zugegeben. Aquarien ab 60 cm Länge sind zu empfehlen.

Besonderes: *Barbus bandula* blieb lange Zeit unentdeckt und wurde früher *B. nigrofasciatus* zugeordnet. In ihrem natürlichen Verbreitungsgebiet auf Sri Lanka scheint *B. bandula* seltener als ihre Schwesternart vorzukommen. Dieser seltenen Barbenart sollte der Liebhaber ein Artaquarium bieten.

Barbus bimaculatus
(BLEEKER, 1863)
Zweifleckbarbe

Herkunft: Sri Lanka
Lebensraumtyp: II
Größe: Weibchen etwa 7 cm, Männchen etwa 6 cm Totallänge.

Beschreibung: Bei dieser langgestreckten und eleganten Art weisen die Männchen ein – stimmungsabhängig – kräftig rotes Band auf, welches sich vom Kiemendeckel bis in die Schwanzflosse erstreckt. Oberhalb dieses roten Bands befindet sich ein weiteres grünlich gefärbtes Band, welches sich bis in die Schwanzflossenwurzel erstreckt. Der Rücken dieser Barben ist grünlich-braun. Alle Flossen sind beinahe farblos, der Rückenflossenansatz ist leicht rötlich gefärbt. Charakteristisch sind zwei kleine schwarze Pünktchen, welche nicht immer einfach zu erkennen sind. Ein Pünktchen befindet sich kurz hinter dem Rückenflossenansatz, das andere auf der Schwanzflossenwurzel. Die Weibchen sind oft nur bräunlich-silbrig gefärbt (s. S. 25 und 46).

Haltung: Ähnlich der von *B. bandula*. Bei einem pH-Wert von 6-7, bei etwa 21-25 °C Wassertemperatur. Aquarien ab 80 cm Kantenlänge sind zu empfehlen (siehe auch bei *B. bandula*).

Pflege: Mindestens sieben Barben dieser Art müssen zusammen gehalten werden. Eine gemeinsame Pflege mit zutraulichen Arten ist zu empfehlen, da sie sonst sehr scheu bleiben. Für eine kräftige Bepflanzung sowie für Versteckplätze (z. B. Wurzelstücke und Fallaub) ist zu sorgen. *B. bimaculatus* sind wenig empfindlich,

Hinweis: Barben aus Klarwasserbächen und -flüssen bieten wir frisches sauberes Wasser. Daher sind regelmäßige Wasserwechsel und eine ausreichende Filterung Voraussetzungen für einen dauerhaften Pflegeerfolg.

Barbus conchonius
(HAMILTON, 1822)
Prachtbarbe

Herkunft: Indien, Cauvery-Flußsystem, Ganga, Brahmaputra, Mahanadi-Flußsystem, Bihar, Nordostindien, Orissa, westliches Bengalen, Assam, Pakistan, Punjab, Nepal und Bangladesh.

Lebensraumtyp: I, II, V, VI

Größe: Je nach Fundortpopulation erreichen die Fische 4 bis 12 cm, in Ausnahmefällen auch bis zu 15 cm Totallänge.

Beschreibung: Der Rücken der Fische ist grünlich. Die Männchen besitzen je nach Stimmung und je nach Fundort eine kräftige orange bis tiefrote Färbung an den Körperseiten. Die rötliche Rücken- und Afterflosse besitzen einen schwarzen Rand. Alle übrigen Flossen, bis auf die Brustflossen, besitzen ebenfalls eine rötliche Färbung. Beim Weibchen sind die Flossen farblos oder blaß rötlich gefärbt, die Körperseiten glänzen silbrig. Ein schwarzer kleiner Punkt befindet sich auf dem Schwanzstiel, welcher vor allem beim Männchen mehr oder weniger intensiv goldfarben eingefaßt ist. Etwas hinter den Kiemendeckeln befindet sich ein meist nur schwach angedeuteter kleiner dunkler Punkt, der jedoch oft fehlt (Fotos s. S. 3, 18 und 47).

Haltung: Bei etwa 17 26 °C Wassertemperatur, 3-15 °dGH, 0-5 °KH und einem pH-Wert von 5,8 bis 7,5. Aquarien ab 80 cm Kantenlänge.

Pflege: Diese relativ friedliche und schöne Barbe läßt sich auch durchaus paarweise halten, eine Gruppe ab fünf Fischen ist jedoch bei einer Pflege in größeren

Junges Weibchen von der Nilgiri-Hochlandebene, es ist noch nicht ausgefärbt. Bei ausgewachsenen Weibchen dieses Fundorts zeigen sich ein rotes Band und eine Netzzeichnung am Körper. Auch werden sie größer als die Nominatform. Vorläufig werden sie als Barbus cf. bimaculatus bezeichnet.

dürfen jedoch nicht dauerhaft zu hohen Wassertemperaturen ausgesetzt sein.

Futter: Allesfresser

Zucht: M1, M2, *B. bimaculatus* sind sehr produktiv und können paarweise oder in der Gruppe angesetzt werden, ansonsten ähnlich der Zucht von *B. bandula*.

Besonderes: Die leider etwas schreckhafte Zweifleckbarbe lebt in ihrem Lebensraum oft in größeren Gruppen oder kleinen Schwärmen. Bei Gefahr verstecken sich diese Barben im weichen Bodensubstrat oder unter Fallaub.

Nur wenn sich diese Fische wohl fühlen, zeigen die Männchen ihre Farbenpracht. Im Dezember 1999 brachte Bernd BUSSLER, Hamburg, *B.* cf. *bimaculatus* vom indischem Festland, aus der Nilgiri-Hochlandebene, mit nach Deutschland. Diese Barben werden größer als die von Sri-Lanka stammenden *B. bimaculatus* und weisen zudem häufig ein zartes Netzmuster am Körper auf; die Weibchen zeigen das rote Band ebenfalls.

Aquarien zu empfehlen. Aufgrund des hohen Stoffwechsels muß der Filter leistungsstark sein. An die Wasserwerte werden keine hohen Ansprüche gestellt. Bei höheren Wassertemperaturen muß auf eine ausreichende Sauerstoffsättigung des Wassers geachtet werden.

Futter: Allesfresser

Zucht: M1, M2. Relativ einfach und produktiv. Die Wasserwerte spielen keine so große Rolle; 23-26 °C Wassertemperatur, bis 10 °dGH, 0-2 °KH bei einem pH-Wert von 6 bis 7 sind für die Zucht günstige Wasserparameter. Frischwassergaben fördern die Laichwilligkeit. Je nach Größe dieser Barben sind Aquarien ab 40 beziehungsweise 80 cm Kantenlänge geeignet.

Besonderes: Die Prachtbarbe wurde im Jahre 1903 von H. STÜVE, Hamburg, importiert. Seit damals hat sie sich gegen eine Fülle anderer tropischer Fische bis zum heutigen Tag behaupten können. Früher wurde sie jedoch eine zeitlang mit der Zweipunktbarbe *B. ticto* verwechselt und nicht als *B. conchonius* erkannt. *Barbus conchonius* besitzt ein relativ großes Verbreitungsgebiet, in dem sie in zum Teil sehr unterschiedlichen Gewässertypen mit unterschiedlichen klimatischen Einflüssen lebt. In den kühleren nördlichen Bereichen innerhalb ihres Verbreitungsgebiets sinken die Wassertemperaturen in kalten Monaten bis auf 15 °C ab. Daher ist es bei Wildfängen sinnvoll den Fundort zu wissen, damit die Prachtbarben richtig gepflegt werden können. Eine Ruhephase von vier bis acht Wochen, bei der die Wassertemperatur

auf etwa 17 bis 20 °C gesenkt wird, wirkt sich positiv auf die Gesamtkonstitution der Fische aus. Im Handel werden Wildfänge dieser Art eher selten angeboten. Die von DAY 1872 als *B. waageni* beschriebene Form aus dem Salt Range stellt nach der Arbeit „The fishes of the Kashmir Valley" von KULLANDER, FANG, DELLING & AHLANDER (1999) möglicherweise ein Synonym zu *B. conchonius* dar. Auch der Unterartstatus von *B. conchonius khagarianis* SRIVASTAVA & DATTA MUNSHI, 1988, vom Khagaria-District in Bihar, ist umstritten. Bemerkenswert ist eine kleinwüchsige Form aus dem Indus in Pakistan, welche nur etwa 3,4 cm Standardlänge erreicht. Im Handel sind kleinwüchsige Zuchtformen in unterschiedlichen Färbungen, zum Teil auch mit Schleierflossen, regelmäßig im Sortiment. Leider zeigen diese Zuchtformen bei weitem nicht die Farbenpracht wie sie die Wildform aufweist. Bei der gemeinsamen Pflege von Schleierzuchtformen mit anderen großen Barben, kann es vorkommen, daß die Schleierformen unterdrückt oder gar

Junges Paar einer Wildform. Der Bauch des Weibchens ist laichprall und läßt auf eine hohe Anzahl von Nachkommen hoffen. Je nach Fundort variieren Prachtbarben in der Färbung und der Totallänge. Leider sind Wildformen nur sehr selten zu erwerben. Foto: H.-J. Richter

Diese junge
Ceylonbarbe ist
schon beinahe
ausgefärbt.
Neben der hier
abgebildeten
rötlichen Farb-
form, gibt es
auch orange-
farbene und
gelbliche
Formen.
Foto: Richter

zu Tode gebissen werden. Ein überlanges Flossenwerk stellt bei diesen Fischen eine Körperbehinderung dar, mit der sie sich gegenüber Wildformen nicht behaupten können. Die Prachtbarbe kann dem noch unerfahrenen Aquarianer empfohlen werden, da sie Haltungsfehler relativ gut übersteht.

Barbus cumingii GÜNTHER, 1868
Ceylonbarbe
Herkunft: Sri Lanka
Lebensraumtyp: II
Größe: Weibchen bis etwa 6 cm, Männchen bis etwa 5,5 cm Totallänge.
Beschreibung: Die Ceylonbarbe ist eine, vor allem im weiblichen Geschlecht hochrückige Barbe. Die Rücken-, After- und Bauchflossen sind je nach Fundort gelb, zart orange oder rot gefärbt. Der Rücken ist bräunlich, die Körperseiten mehr silbrig gefärbt. Die Schuppen weisen einen schwarzen Rand auf, so daß die Fische stimmungsbedingt ein netzzähnliches Muster aufweisen können. Kurz hinter

den Kiemendeckel und hinter der Afterflosse sowie auf dem Schwanzstiel befindet sich ein schwarzes Band. Männchen sind bunter gefärbt und schlanker als die Weibchen.
Haltung: 20-26 °C, 2-10 °dGH, 0-2° KH, bei einem pH-Wert von 5,8 bis 7,2. Aquarien ab 80 cm Kantenlänge.
Pflege: Die Ceylonbarbe muß in einer Gruppe von mindestens fünf Barben gepflegt werden. Weiches Frischwasser sowie eine gute Bepflanzung sind für das Wohlbefinden dieser Barbe wichtig. Ein ⅓-Teilwasserwechsel, alle drei bis sechs Wochen, ist wichtig.
Futter: Allesfresser
Zucht: M1, M2. Sie laichen willig ab, sind jedoch große Laichräuber. Eine Wassertemperatur von etwa 25 °C genügt. Die Gesamthärte sollte unter 5 °dGH liegen, die Karbonathärte nahe 0 °KH und der pH-Wert um 6,5. Aquarien ab 50 cm Länge sind für die Zucht geeignet.
Besonderes: Diese recht ansprechende kleine und friedliche Barbenart wird hin und

wieder im Fachhandel angeboten. Werden Ceylonbarben in einem großen Aquarium in einer größeren Gruppe gepflegt, so sind die Männchen ständig beim Balzen oder bei kleinen Imponierkämpfen zu beobachten. Daher ist sie dem Barbenliebhaber wärmstens zu empfehlen.

Barbus fasciatus-Formenkreis
Arten: *Barbus fasciatus fasciatus, B. fasciatus pradhani*

Barbus fasciatus fasciatus (JERDON, 1849)
Glühkohlenbarbe
Herkunft: Indien, Cauvery-Flußsystem, Wynaad, Nilgiri, Süd- und Westindien.
Lebensraumtyp: II, IV, VI
Größe: Je nach Fundortpopulation etwa 7 bis 12 cm Totallänge.
Beschreibung: Je nach Fundort ist diese Art recht unterschiedlich gefärbt. Arttypisch sind die schwarzen Zeichnungselemente am Körper, welche je nach Fundort etwas variieren. Weibchen und Jungfische besitzen ein vertikales Streifenmuster. Ein kurzer Streifen am Kopf befindet sich hinter dem Auge und endet auf etwa gleicher Höhe. Vor und in die Rückenflosse hinein verläuft jeweils ein Körperstreifen vom Rücken in Richtung Bauch, dabei ist jener vor der Rückenflosse etwas kürzer und endet kurz vor dem Bauch. Jungfische besitzen einen weiteren Körperstreifen vor dem Schwanzstiel, welcher sich bei Erwachsenen dieser Barbenart zu einem Fleck reduziert; bei einigen Fundortformen kann dieser auch fehlen. Die Schwanzflossenwurzel ist schwarz. Die Schwanzflosse der Männchen ist meist rötlich gefärbt, bei manchen Populationen besitzen die Männchen aber auch relativ farblose Schwanzflossen. Männchen in Prachtfärbung, in Laichstimmung oder beim Imponieren leuchten rosa bis tiefrot glühend. Die Weibchen der meisten Varianten sind bräunlich gefärbt und insgesamt blasser als ihre Männchen (s. S. 50).
Haltung: Bei einer Wassertemperatur zwischen 23-26 °C, bis zu 15 °dGH und 0-5 °KH, bei einem pH-Wert von 5,8 bis 7,5. Aquarien ab 80 cm Kantenlänge, besser jedoch noch größer.
Pflege: Die Glühkohlenbarbe sollte am besten in einer Gruppe von mindestens sieben Fischen gepflegt werden. Die Aquarien müssen ausreichend Rückzugsplätze enthalten, daher sind die Aquarien gut zu bepflanzen und mit Wurzeln und einigen Steinaufbauten zu gestalten. Diese Barbenart ist gelegentlich etwas zänkisch. Eine mittlere bis schwache Wasserbewegung ist ausreichend. Der Filter muß mit den hohen Stoffwechseleinträgen der Fische fertig werden, er darf daher nicht zu klein ausfallen. Ein Teilwasserwechsel etwa alle fünf bis sechs Wochen, von ¼ des Aquarienwassers genügt bei einer guten Filterung.
Futter: Allesfresser, es werden auch recht große Nahrungsbrocken bewältigt.
Zucht: M1, M2. Die Zucht ist relativ einfach. Vorsicht ist jedoch bei der Gestaltung des Zuchtaquariums geboten, da die Männchen stark treiben und Weibchen zu Tode hetzen oder zumindest verletzen könnten. Deshalb sollte das Zuchtaquarium besser 80 cm Kanten-

Artenteil

Bei den Glüh-
kohlenbarben
handelt es sich
um verschiede-
ne, zum Teil
noch unbe-
schriebene
Arten oder
Unterarten. So
lassen sich
Unterschiede
im Laichverhal-
ten zwischen
den unter-
schiedlichen
„Fundortfor-
men" feststellen.
Foto: M. Abe

Mitte links:
Ein Männchen
von der Nilgiri-
Hochlandebene.

Mitte rechts:
Wildfangmänn-
chen einer
anderen, ver-
mutlich nördli-
chen Form.
Foto: Piednoir

Unten:
Ein Barbus
fasciatus
pradhani-*Paar.*
Die Männchen
färben sich
beim Laichen
feuerrot.
Foto: Richter

50

länge aufweisen. Die Wasserwerte spielen bei dieser Art keine so entscheidende Rolle. Wasserwerte von etwa 25 °C, bei 5 °dGH, 0 °KH und einem pH-Wert um 6,5 bringen gute Ergebnisse.

Besonderes: Diese robuste und schöne Barbenart kann auch dem Einsteiger empfohlen werden. Die Farbenpracht der Männchen entwickelt sich jedoch nur langsam. Leider sind Wildfänge dieser prächtigen Barben selten. Daher sind Interessenten in den meisten Fällen auf reisende Aquarianer angewiesen.

Trotz der vielen zum Teil sehr unterschiedlichen Fundortformen wurde bislang nur eine Unterart beschrieben.

Barbus fasciatus pradhani (TILAK, 1972)
Pradhanibarbe, Indianerbarbe
Herkunft: Indien, Goa
Lebensraumtyp: II, VI
Größe: Bis zu 8,5 cm Totallänge.
Beschreibung: Sie ist der Nominatform ähnlich, unterscheidet sich jedoch durch ihre Zeichnungselemente. Der Körperstreifen vor der Rückenflosse ist bis auf einen dunklen Bereich am Rücken stark reduziert, der dahinterliegende ist dagegen kräftig ausgebildet. Weibchen dieser Unterart besitzen eine gelbe Grundfärbung. Bei ihnen ist der hintere Körperstreifen nicht durchgängig nach unten hin ausgezogen. Die Männchen sind leuchtend rot gefärbt. Ein schwarzer Streifen verläuft vom Kopf durch das Auge bis hin zum Maul (s. S. 50).
Haltung: Siehe bei *B. fasciatus*.
Pflege: Weniger aggressiv als die Nominatform. Sie ist auch besser mit kleinen friedlichen Fischen zu vergesellschaften. Siehe auch bei *B. fasciatus*.
Futter: Allesfresser
Zucht: M1, M2. Siehe bei *B. fasciatus*.
Besonderes: Die Pradhanibarbe ist eine sehr zu empfehlende Barbenart, die glücklicherweise öfters im Handel angeboten wird. Gelegentlich wird sie auch als Indianerbarbe bezeichnet.

Barbus gelius-Formenkreis
Arten: *Barbus canius, B. gelius, B. guganio*

Barbus canius (HAMILTON, 1822)
Große Fleckenbarbe
Herkunft: Indien, Ganges-Becken, nordöstliches Indien.
Lebensraumtyp: I, II, V, VI

Die Pradhanibarbe wird öfter einmal im Handel angeboten. Doch auch bei dieser Art sind die Männchen in der Laichstimmung aggressiv gestimmt, weshalb sie in größeren Aquarien gepflegt werden sollten.

Eine Gruppe junger Barbus canius.
Foto: Piednoir

Größe: 5 bis 8 cm Totallänge.

Beschreibung: „Sie ist eine Art *B. gelius* in Jumbo-Ausführung." *Barbus canius* besitzt einen spitzen Kopf und ist hochrückiger als *B. gelius*. Die Körpergrundfarbe ist ein zartes Gelb. Der Bauchbereich ist weiß. Alle Flossen, mit ausnahme der Brustflossen, besitzen einen schwarzen Ansatz. Der erste Rückenflossenstrahl ist schwarz, der weitere Ansatz ist gelblich, orange oder zart rötlich. Ansonsten sind die Flossen farblos. Ein schwaches schwarzes Band befindet sich hinter und oberhalb der Kiemendeckel, das zweite ist kräftig aber auch unvollständig und verläuft von der Rückenflosse nach unten zum Bauch. Hinter der Rückenflosse liegt ein weiteres Band, es ist vollständig, jedoch sehr schwach entwickelt. Auf dem Schwanzstiel befindet sich ein kräftig schwarzes Band. Die Männchen bleiben kleiner und zierlicher.

Haltung: 23-26 °C Wassertemperatur, 2-15 °dGH, 0-5 °KH, bei einem pH-Wert von 5,8-7,5. Aquarien ab 60 cm Kantenlänge, besser jedoch größere.

Pflege: Die Große Fleckenbarbe ist ein Frischwasser liebender Fisch, der eine gute Wasserqualität verlangt. Daher sind regelmäßige Teilwasserwechsel alle drei bis fünf Wochen von ¼ des Aquarienwassers und ein leistungsstarker Filter nötig. Ihre Schreckhaftigkeit wird sie nie so ganz ablegen. Eine Pflege in einer Gruppe ab zehn Individuen ist anzuraten.

Futter: Allesfresser. Auf das kleine Maul muß Rücksicht genommen werden.

Zucht: Es gibt keine Zuchtberichte über diese Art. Ob diese Barben ebenfalls wie *B. gelius* unter Pflanzenblättern ablaicht ist nicht bekannt. M1 ?, M2 (siehe auch bei *B. gelius*).

Besonderes: Wird als Jungfisch oft mit *B. gelius* verwechselt. Gelegentlich werden *B. canius* als Beifänge von *B. gelius* mit importiert. Ein gezielter *B. canius*-Import ist bislang nicht vorgekommen. Dieser hübschen Barbenart wird leider viel zu wenig Beachtung geschenkt.

Barbus gelius (HAMILTON, 1822) Fleckenbarbe

Herkunft: Indien, Bihar, Orissa, W-Bengalen, Assam, Bangladesh, Pakistan.

Lebensraumtyp: I, II, V, VI

Größe: Bis etwa 4 cm.

Beschreibung: Der Körper ist bräunlich gefärbt, er ist jedoch durchscheinend. Die Wirbelsäule schimmert golden. Der Bauch ist silbrig-weiß. Die ersten zwei bis drei Rückenflossenstrahlen sind schwarz. In der Verlängerung befindet sich auf dem Körper ein schwarzer Fleck, welcher unterhalb der Wirbelsäule endet. Vor der Afterflosse, auf der Schwanzflossenwurzel und auf „Schulterhöhe" befinden sich weitere schwarze Flecken. Alle Flossen sind durchsichtig mit einem leicht rauchigem dunklem Farbton. Die Männchen sind weniger silbrig gefärbt und bleiben im ganzen zierlicher als die hochrückigen Weibchen.

Haltung: 21-26 °C, bis 15 °dGH, 0-5 °KH, bei einem pH-Wert von 5,8-7,5. Aquarien ab 60 cm Länge sind zu empfehlen.

Pflege und Futter: Siehe bei *B. canius.*

Zucht: M2. Die Fleckenbarbe besitzt ein

von der Mehrzahl der Barben abweichendes Laichverhalten. Die Eier werden an den Unterseiten von Wasserpflanzenblättern angeheftet. Daher sind geeignete Pflanzen mit nicht zu schmalen Blättern in Pflanzschalen zu verwenden. Beim intensiven Treiben der Fische und bei zu hoher Gesamt- und Karbonathärte können die Eier zu Boden fallen. Damit sie dennoch vor den Nachstellungen der Barben geschützt sind, verwenden wir Javamoosbüschel, welche die nach unten sinkenden Eier verbergen. Eine Wassertemperatur von 22-24 °C, 2-6 °dGH, 0 °KH und ein pH-Wert von 5,8-6,5 sind zu empfehlen. Aquarien ab 60 cm Kantenlänge sind geeignet.

Besonderes: Werden nur wenige Exemplare gepflegt, so erweisen sie sich als sehr nervös und scheu. Daher sind diese Barben stets in einer Gruppe und in nicht zu kleinen Aquarien zu pflegen, da sie sonst regelrecht verkümmern. Die Nachzuchten müssen besonders intensiv umsorgt werden, damit sie nach etwa einem Jahr die Größe ihrer Eltern erreicht haben.

Sehr selten wird auch eine andere recht ähnliche *Barbus guganio* (HAMILTON, 1822) importiert. Leider ist diese aquaristisch noch nahezu unbekannt.

Barbus nigrofasciatus
GÜNTHER, 1868
Purpurkopfbarbe

Herkunft: Sri Lanka
Lebensraumtyp: II
Größe: Etwa bis 7 cm.
Beschreibung: Die Purpurkopfbarbe besitzt im Gegensatz zu *B. bandula* einen dritten Körperstreifen der sich von der Rückenflosse bis zu den Bauchflossen erstreckt. Der Körper der adulten Männchen besitzt eine tiefrote Grundfärbung. Vor allem der Kopf der Männchen ist leuchtend rot. Alle Schuppenränder besitzen einen mehr oder weniger breiten schwarzen Rand. Alle Flossen, bis auf die Brustflossen, sind schwarz gefärbt. Je nach Erregungszustand der Männchen können sie sich am gesamten Körper tief schwarz umfärben, wobei der Kopf leuchtend rot bleibt. Die Weibchen sind recht farblos, schlicht bräunlich-silbrig mit den arttypischen Körperstreifen gekennzeichnet. Der Kopf der Weibchen ist bräunlich oder zart rötlich gefärbt. Die Rücken-, die After- sowie die Bauchflossen weisen geringe Schwarzanteile auf, die Schwanzflosse ist farblos (s. S. 32).
Haltung: Siehe bei *B. bandula*.
Pflege: Die Purpurkopfbarbe sollte in einer Gruppe ab fünf Individuen gepflegt werden. Das Aggressionsverhalten ist etwas stärker ausgeprägt, jedoch in erster Linie innerartlich.
Futter: Allesfresser, bevorzugt feines Lebendfutter.
Zucht: M1, M2
Besonderes: Früher wurde die recht ähnliche *B. bandula* für die gleiche Art gehal-

Ein außergewöhnlich kräftig gefärbtes Barbus gelius-Weibchen. Diese Art bleibt wesentlich kleiner als ihre Schwesternart. Foto: H. Custers

Eine gute Bepflanzung ist anzuraten, um den Fleckenbarben die Scheu zu nehmen. Bärblinge aus der Gattung Danio (Synonym: Brachydanio) sind geeignete Beifische.

ten. *B. nigrofasciatus* besitzt jedoch im Gegensatz zu *B. bandula* einen weiteren Streifen in der Körpermitte. *B. nigrofasciatus* stellt ein Bindeglied zwischen den kleineren ähnlichen Arten und dem *B. fasciatus*-Formenkreis dar. Die Purpurkopfbarbe ist eine schöne und recht beliebte Barbe und kann jedem Aquarianer nur empfohlen werden.

Barbus phutunio (HAMILTON, 1822) Zwergbarbe

Herkunft: Pakistan, Indien, Orissa, Goa, Sri Lanka, Bangladesh, Myanmar (Burma).
Lebensraumtyp: I, II, V, VI
Größe: 4 bis 5 cm Totallänge.
Beschreibung: Die Zwergbarbe besitzt einen leicht gedrungenen Körper. Ihre schwarzen Körperstreifen gleichen in Form, Ausprägung und Lage denen von *B. cumingii*. Ein weißlicher Fleck befindet sich vor jedem Körperstreifen. Der gesamte Körper glitzert silbern. Die Flossen sind beinahe farblos, schwach rauchfarben. Die ersten ein bis zwei Rückenflossenstrahlen sind schwarz. Männchen

weisen gelegentlich einen bräunlich bis rötlichen Bereich hinter den schwarzen Flossenstrahlen auf. Die Männchen bleiben meist kleiner als die plumper wirkenden Weibchen.
Haltung: In Aquarien ab 60 cm Kantenlänge, bei 19-27 °C Wassertemperatur, bis 15 °dGH, 0-8 °KH und einem pH-Wert von 5,6 bis 7,2.
Pflege: Diese relativ robuste Barbe muß in einer Gruppe ab sieben Individuen gepflegt werden. Bezüglich der Wasserwerte und der -qualität ist sie nicht sehr empfindlich. Wichtig sind jedoch eine gute Ernährung, nicht zu geengte Behältnisse und gelegentliche Frischwassergaben. Eine leichte Wasserbewegung und eine gute Bepflanzung sind von Vorteil. Kleine friedliche Beifische können mit Zwergbarben vergesellschaftet werden.
Futter: Allesfresser, überwiegend feines Lebendfutter.
Zucht: M1, M2. Die Zucht ist nicht schwierig, im paarweisen Ansatz jedoch oft nicht sehr ergiebig. Empfehlenswert sind etwa 25 °C, bis 8 °dGH, 0-2 °KH und ein pH-

Richtig gepflegt ist die Rubinbarbe ein wunderschöner Fisch, den jeder Aquarianer einmal gepflegt und gezüchtet haben sollte. Ihr natürliches Vorkommen war lange Zeit unbekannt. Foto: H.-J. Richter

Wert von 6,5-7. Aquarien ab 40 cm Kantenlänge sind für ein Zuchtpaar geeignet. Bei einem Gruppenansatz sind etwas größere Aquarien zu verwenden.

Besonderes: Ähnlich *B. gelius* neigt diese Art bei Vernachlässigung zum Verkümmern. Der Züchter muß vor allem seine Jungfische in geräumigen Aufzuchtaquarien bei guter Fütterung unterbringen.

Barbus ticto-Formenkreis
**Arten: *Barbus* spec. „Odessa",
B. stoliczkanus, *B. ticto*,
*B. ticto punctatus***

Barbus spec. „Odessa", eine noch unbeschriebene Art
Rubinbarbe, Odessabarbe

Herkunft: Myanmar (ehemals Burma), Zuflüsse des Irawadi bei Mogaung.
Lebensraum: II
Größe: Bis etwa 6 cm.
Beschreibung: Der Körper ist leicht hochrückig. Die Körperseiten glänzen silbrig, dabei bilden die schwarzen Schuppenansätze ein Netzmuster. Der Rücken ist grünlich-braun. Die milchigen Flossen zeigen schwarze Sprenkel. Männchen besitzen rote Augen und ein leuchtend rotes Band, welches sich vom Auge aus bis in die Schwanzflosse erstreckt. Weibchen sind viel blasser, meist bräunlich gefärbt. Das rote Körperband ist bei ihnen nur schwach angedeutet oder fehlt ganz.
Haltung: 18-27 °C Wassertemperatur, bis 20 °dGH, 0-8 °KH und ein pH-Wert von 5,5-7,5. Aquarien ab 80 cm Kantenlänge.
Pflege: Diese relativ robuste Barbenart ist gelegentlich territorial. Dabei vertreiben Männchen störende Fische aus ihrem Laichrevier. Wichtig sind eine gute Bepflanzung und gelegentliche Frischwassergaben. Die Rubinbarbe sollte in einer Gruppe ab fünf Individuen gepflegt werden. Dauerhaft hohe Temperaturen lassen diese Fische rasch vergreisen. Daher darf die Wassertemperatur nur während den Sommermonaten über 25 °C liegen.
Futter: Allesfresser
Zucht: M1, M2. Die Zucht ist relativ leicht. Das Zuchtaquarium muß viele Verstecke für das Weibchen aufweisen, da das Männchen stark treibt. Ab 50 cm Kantenlänge sind für ein Zuchtaquarium vorzusehen. Die Wasserwerte sind nicht so entscheidend, jedoch sind etwa 25 °C Wassertemperatur und eine nicht zu hohe Wasserhärte zu empfehlen.

Männchen der Rubinbarbe sind in Laichstimmung territorial gestimmt und verjagen alle störenden Fische aus ihrem Laichrevier. Laichwillige Weibchen werden dann lebhaft umworben. In zu beengten Aquarien könnten andere Fische zu Schaden kommen.

Oben:
Gelegentlich ist die Nominatform im Handel erhältlich, sie ist größer als die Unterarten und glänzt metallisch-silbern.

Unten:
Weibchen der Barbus ticto punctatus. Diese Unterart ist aquaristisch weitgehend unbekannt. Sie wird leider nicht importiert.
Foto:
H.-J. Richter

Besonderes: Die Rubinbarbe wurde erstmalig über den Seeweg nach Odessa eingeführt. Bislang wurde heftigst über die Herkunft dieser Art spekuliert. So wurde das natürliche Verbreitungsgebiet im Norden Vietnams vermutet. Auch sollte es sich um eine Zuchtform, hervorgegangen aus Artenbastarden, handeln. Doch konnte die Rubinbarbe nur aus dem indischen Raum stammen, da sie eindeutig zum *Barbus ticto*-Formenkreis zählt und daher andere Verbreitungsgebiete auszuschließen sind. Nach neuesten Erkenntnissen, stammt diese Art aus Myanmar. In den Aqualognews Nr. 42-2001 berichtet Frank SCHÄFER über den Import von Wildfängen, bei denen sich auch eine *Barbus stoliczkanus* als Beifang befand. Ob die Rubinbarbe in früherer Zeit schon Beschrieben und als Synonym zu *B. ticto* gewertet wurde, oder ob sie noch keinen wissenschaftlichen Namen trägt, wird sich in nächster Zeit noch herausstellen. Ebenso wie *B. stoliczkanus* DAY, 1871 ist die Rubinbarbe eine gute Art.

Barbus ticto (HAMILTON, 1822) Zweipunktbarbe

Herkunft: Indien, Sri Lanka, Pakistan, Bangladesh, Bengalen, Nepal, Myanmar (Burma) und Thailand.
Lebensraumtyp: I, II, III, IV, V, VI
Größe: Je nach Population 5 bis 8 cm.
Beschreibung: Markant sind zwei kleine Punkte am Körper, einer kurz vor dem Schwanzstiel, der andere befindet sich auf derselben Höhe, etwas hinter dem Kiemendeckel. Der Körper ist silbrig oder leicht gelblich, einige Varianten besitzen eine leicht rußige Färbung. Die Flossen sind farblos, gelblich, rötlich oder leicht rußig gefärbt. Einige Fundortformen weisen eine schwarze Fleckenzeichnung in der Rückenflosse auf. Die Männchen zeigen bei der Balz einen leichten zimtfarbenen, seltener einen rötlichen Schimmer auf den Körperseiten.
Haltung: In Aquarien ab 60 cm Kantenlänge. 20-27 °C Wassertemperatur, bis 15 °dGH, 0-8 °KH, bei einem pH-Wert von 5,5 bis 7,5.
Pflege: In einer Gruppe ab fünf Individuen in gut bepflanzten Aquarien. Die Art ist recht friedlich und gut mit anderen kleinen Fischen zu vergesellschaften. Von den Wasserwerten her sehr robuste Art.
Futter: Allesfresser
Zucht: M1, M2. Die Zucht und Aufzucht ist einfach. Etwa 25 °C warmes, weiches Frischwasser ist zu empfehlen. Aquarien ab 50 cm Kantenlänge sind geeignet.
Besonderes: Von *B. ticto* existieren eine

Vielzahl sehr unterschiedlicher „Varianten" die sich sowohl in ihrer Färbung als auch in ihrer Totallänge unterscheiden. Ob diese wirklich alle einer Art angehören ist fraglich. Zur richtigen Einordnung wären genauere Untersuchungen nötig, welche aber bislang unterblieben. Die Terra typica von *B. ticto* ist Bengalen. Die Unterart *B. ticto punctatus* DAY aus der Umgebung Kerala und der Coromandel-Küste ist aquaristisch unbekannt. Der *B. ticto*-Formenkreis, zu dem unter anderem auch *B. conchonius* gehört, ist bislang unklar abgegrenzt.

Barbus titteya
(DERANIYAGALA, 1929)
Bitterlingsbarbe, Kirschbarbe
Herkunft: Sri Lanka
Lebensraumtyp: II
Größe: 4 bis 5 cm.
Beschreibung: Von der Bitterlingsbarbe gibt es eine Reihe unterschiedlicher Farbformen. Weibchen und Jungfische besitzen einen zart bräunlichen Körper. Ein dunkelbrauner oder schwarzer Körperstreifen erstreckt sich vom Maul, über das Auge, bis hin in die Schwanzflossenwurzel. Der Rücken ist dunkelbraun. Alle Flossen besitzen einen je nach Fundort zart bräunlichen, grünlichen oder rötlichen Farbton. Die Bauchregion der Weibchen ist meist weißlich. Je nach Fundort variieren die Körper- und Flossenfarben der Männchen. Männchen sind stets kräftiger gefärbt als ihre Weibchen. Bei einigen Formen läuft das dunkle Körperband in die Schwanzflosse hinein. Die Körperfärbung reicht von schlichtem braun-rot,

über hellrot, tiefrot bis hin zu weißlichgrün und hellbläulich (s. S. 5 und 18).
Haltung: Aquarien ab 60 cm Kantenlänge sind zu empfehlen. 22-26 °C Wassertemperatur, bis 12 °dGH, 0-3 °KH, bei einem pH-Wert von 5,8 bis 7,2.
Pflege: Die Bitterlingsbarbe sollte in einer Gruppe ab acht Fischen gepflegt werden. Kleine friedliche Beifische können vergesellschaftet werden. Die Männchen sind innerartlich etwas aggressiv. Auseinandersetzungen verlaufen bei einer ausreichenden Bepflanzung harmlos. Frisches und weiches Wasser wird bevorzugt. Der Filter darf nur eine schwache Wasserbewegung verursachen. Alle vier bis fünf Wochen muß etwa ¼ des Aquarienwassers ausgetauscht werden. Dem Wasser können ein wenig im Wasser gelöste Huminstoffe zugegeben werden. Das Aquarium kann mit etwas Fallaub eingerichtet sein; beachtet werden muß jedoch dabei, daß die Wasserhärte gering sein muß und der pH-Wert unter 6,8 liegt, da sonst der Zerfall des Fallaubs schnell vonstatten geht und das dann freigesetzte Nitrat das Wohlbefinden der Barben schmälert.

Ein junges, noch nicht voll ausgefärbtes Bitterlingsbarbenmännchen der roten Farbform.

(Siehe auch Fotos in den oberen Buchecken, Fotos: H.-J. Richter, sowie S. 5.)

Futter: Allesfresser, feines Lebendfutter sollte zugefüttert werden.

Zucht: M1, M2, nicht immer einfach. Etwa 24 °C warmes, weiches Frischwasser unter 5 °dGH und bei 0 °KH ist empfehlenswert. Fallaub und Torffasern fördern das Wohlbefinden. Eine Schwimmpflanzendecke ist vorteilhaft. Aquarien ab 40 cm Kantenlänge sind geeignet.

Besonderes: Heute sind in der Aquaristik die bläulichen, grünlichen und bräunlichen Varianten durch die weitverbreitete intensive rote Form verdrängt worden. Liebhaber dieser kleinen Barbenart sollten sich nicht von den im Handel angebotenen blassen Fischchen abschrekken lassen, da *B. titteya* nur in einem für sie geeigneten Aquarium ihre Farbenpracht zeigt. Die Bitterlingsbarben sind sehr empfehlenswerte Fische, die viel Freude bereiten können.

Barbus sophore (HAMILTON, 1822) Sophorebarbe

Herkunft: Indien und Bengalen
Lebensraum: I, II, III, IV, V, VI
Größe: Männchen etwa 4,5 cm, Weibchen bis 5 cm Totallänge, selten größer.

Beschreibung: Silbriges Fischchen mit leicht grünlichem Rücken. Die Flossen sind farblos, leicht gelblich oder rußig gefärbt. In der Rückenflosse befindet sich ein kleiner schwarzer Fleck, unterhalb des Flecks ist sie gelblich, orange oder rot gefärbt. Auf der Schwanzflossenwurzel sowie am Afterflossenansatz befindet sich ein kleiner dunkler Punkt.

Haltung: 20-27 °C Wassertemperatur, bis 15 °dGH, 0-8 °KH, bei einem pH-Wert von 5,8-7,5. Aquarien ab 60 cm Länge.

Pflege: Die Männchen sind gelegentlich etwas aggressiv gestimmt und verjagen andere Fische aus ihrem Laichrevier. Sophorebarben müssen in einer Gruppe ab fünf Fischen gepflegt werden. Eine gute Bepflanzung und ein nicht zu heller Bodengrund nehmen den Barben die anfängliche Scheu. Bezüglich der Wasserwerte sind sie recht robust.

Futter: Allesfresser, zartes Lebendfutter fördert das Wohlbefinden.

Zucht: M1, M2. Die Zucht ist nicht problematisch. Die Wasserwerte sind dabei nicht so von Bedeutung. Weiches Frischwasser, bei etwa 25 °C Wassertemperatur, sowie ein Gruppenansatz sind zu empfehlen. Aquarien ab 50 cm Länge sind geeignet.

Besonderes: Diese kleinbleibende Barbe besticht nicht gerade durch ihre Farbenpracht, doch bringen diese rastlosen „Silberlinge" Bewegung ins Aquarium. Als nicht sehr anspruchsvolle Art ist sie gut mit anderen Fischen zu vergesellschaften. Die leicht zu züchtende Sophorebarbe ist aufgrund der von ihr gezeigten Verhaltensweisen recht interessant.

Barbus everetti-Formenkreis
Arten: *B. everetti, B. dunckeri*

Barbus dunckeri AHL, 1929
Dunckers Barbe
Herkunft: Süden der Malaiischen Halbinsel, Singapore.
Lebensraum: II, IV
Größe: Etwa 14 cm, in Ausnahmen bis zu 18 cm Totallänge.
Beschreibung: Sie ähnelt *B. everetti* sehr, der Kopf wirkt allgemein etwas spitzer als bei *B. everetti*. Dunckers Barbe ist oft etwas blasser gefärbt als ihre Schwesternart. Sonstige Unterschiede lassen sich nur an konservierten Fischen exakt feststellen.
Haltung: Siehe bei *B. everetti.*
Pflege: Siehe bei *B. everetti.*
Futter: Allesfresser
Zucht: Siehe bei *B. everetti.*
Besonderes: Der Artstatus von *B. dunckeri* wird von einigen Fischkundlern angefochten. Weitere Untersuchungen an neuen Aufsammlungen sind bislang unterblieben, daher bleibt es bis zu einer möglichen Revision beim Taxon *B. dunckeri*. Es wäre durchaus denkbar, daß es weitere, in den morphologischen Meßdaten abweichende, Populationen gibt,

welche sich von den bislang bekannten unterscheiden. Dem Aquarianer kann diese schöne Barbe sehr empfohlen werden, sofern er diesen temperamentvollen Fischen den nötigen Raum bieten kann.

Barbus everetti BOULENGER, 1894
Clownbarbe, Everetts Barbe
Herkunft: Borneo
Lebensraum: II, IV
Größe: Etwa 13 cm, Fische einiger Populationen erreichen über 20 cm Länge!
Beschreibung: Sie besitzen einen je nach Lichteinfall und Stimmung bräunlich-goldenen bis gelblichen Körper, Rücken und Kopfbereich sind dunkler, die Flossen rötlich. Die Bauchseite ist weiß. Fünf vertikale, dunkelgrüne Körperflecken sind bei ausgewachsenen Barben zu erkennen, der erste verläuft durch das Auge und ist schwach ausgeprägt. Etwas hinter dem Kiemendeckel verläuft der zweite. Kurz unterhalb der Rückenflosse ist der dritte Körperfleck durchbrochen. Hinter der Rückenflosse, vor dem Schwanzstiel befindet sich der vierte. Der fünfte Körperfleck findet sich auf der Schwanzwurzel und ist mittig vergrößert. Weibchen sind nur am Laichansatz erkennbar und ebenso bunt wie ihre Männchen.
Haltung: 22-27 °C Wassertemperatur, bis 15 °dGH, 0-5 °KH, bei einem pH-Wert von 5 bis 7,2. Aquarien ab 1 m Kantenlänge, besser jedoch größere.
Pflege: In einer Gruppe ab fünf Barben. Everetts Barben sind gelegentlich etwas zänkisch und sollten daher in gut bepflanzten Aquarien untergebracht werden, in

Junge Barben
aus dem Bar-
bus everetti-
Formenkreis.
In der Färbung
und in der Kör-
perzeichnung
können beide
Arten sehr
variabel sein,
da es auch
stimmungsab-
hängige Merk-
male sind.

Oben:
Barbus everetti
aus dem
Südwesten
Borneos.

Unten:
Barbus
dunckeri aus
dem Südwe-
sten der
Malaiischen
Halbinsel.

welchen sich die Fische auch aus dem Weg schwimmen können. Eine Filterung über Torf sowie eine Einrichtung mit Fallaub, Torffasern und Wurzeln ist vorteilhaft. Von einer gemeinsamen Pflege mit kleinen Fischen ist abzuraten. Schwimmpflanzen und eine leichte Wasserbewegung fördern ihr Wohlbefinden. Ein Teilwasserwechsel alle vier bis sechs Wochen, von etwa ¼ des Aquarienwassers ist ausreichend. Beachtet werden muß der hohe Stoffwechsel dieser imposanten Barben. Achtung – nur harte Wasserpflanzen für die Einrichtung verwenden!
Futter: Allesfresser, auch Pflanzen, kräftige tierische Nahrung wird bevorzugt.
Zucht: M1, M4. Die Zucht ist nicht immer einfach. Sie gelingt am besten in einem Gruppenansatz, zudem ist sie dann sehr effektiv. Die Geschlechter werden vorher einige Zeit getrennt. Das Zuchtaquarium muß mindestens 1 m Länge aufweisen. Weiches und leicht saures Wasser von etwa 26 °C, bis 5 °dGH, bei 0 °KH und einem pH-Wert von 5,8 bis 6,5.
Besonderes: Everetts Barbe ist eine wunderschöne Barbe, die nur in größeren Aquarien zur Geltung kommt. Fühlt sie sich unwohl, so verblaßt ihre Farbenpracht. Liebhabern, welche über den nötigen Platz verfügen, kann sie nur empfohlen werden! Zu *B. dunckeri* unterscheidet sie sich farblich nur wenig, jedoch sind die Schuppen in der Körperhöhe und die „Bezahnung" des vierten Hartstrahls der Rückenflosse verschieden. Der Kopf von *B. everetti* ist etwas stumpfer, das Maul unterständiger und die Barteln sind oft etwas länger als bei *B. dunckeri*.

Barbus lineatus-Formenkreis
Arten: *Barbus gemellus, B. johorensis, B. lineatus, B. trifasciatus*

Barbus johorensis (DUNCKER, 1904) Johore-Barbe
Herkunft: Thailand, Malaiische Halbinsel, Sumatra und Borneo.
Lebensraum: II, IV
Größe: Bis etwa 9 cm Totallänge, selten größer.
Beschreibung: Die Körperseiten sind silbern. Vier blauschwarze, vertikale kräftige Bänder verlaufen bei Jungfischen, und fünf bis sechs horizontale bei adulten Barben über die Körperseiten. Die Bauchregion ist weißlich. Die Flossen sind farblos bis rötlich. Weibchen sind weniger langgestreckt und wirken fülliger. Der Kopf ist gedrungen. Der Körper ist hochrückiger als bei den anderen Arten.
Haltung: Aquarien ab 1 m Kantenlänge. 23-27 °C Wassertemperatur, bis 12 °dGH, 0-5 °KH, bei einem pH-Wert von 5 bis 7,2.
Pflege: In einer Gruppe ab zehn Fischen sind diese Barben weniger ängstlich. Schwarzwasser wird bevorzugt, weshalb eine Torffilterung zu empfehlen ist. Sie sind friedlich und eignen sich für fast jede Vergesellschaftung. Da der Stoffwechsel bei diesen Barben hoch ist, darf der Filter nicht zu klein ausfallen. Eine Schwimmpflanzendecke dämpft ihre Schreckhaftigkeit. Ein ¼-Teilwasserwechsel alle drei bis fünf Wochen ist ausreichend.
Futter: Allesfresser, überwiegend tierische Kost.

Hinweis: Barben aus dem *B. everetti*-Formenkreis werden nach einer Eingewöhnungszeit sehr zutraulich. Weiches huminsaures Wasser sowie eine gut strukturierte Aquarieneinrichtung mit Wurzeln und guter Bepflanzung, tragen zum Wohlbefinden der Barben bei. Eine Schwimmpflanzendecke ist vorteilhaft.

Im Bild eine junge B. joho-rensis. Sie wird oft mit der nur 7 cm großen B. lineatus DUNCKER, 1904 *verwechselt. Barbus lineatus stammt aus Westborneo, Sumatra und von der Malaii-schen Halbinsel. B. trifasciata* KOTTELAT, 1996 *stammt aus Südborneo und weist nur drei bis vier dünne Längsstreifen auf. Barbus gemellus* KOT-TELAT, 1996 *stammt von Südsumatra, Bangka und Südborneo und besitzt fünf bis sechs zarte Längsstreifen. Foto: Piednoir*
Unten:
Rot-gelbe Vari-ante eines Bar-bus oligolepis-Weibchens. Foto: H. Linke

Zucht: M1, M2, M3. Nur in einer Gruppe effektiv (siehe auch bei *B. everetti*).
Besonderes: *B. eugrammus* stellt ein Syno-nym zu *B. johorensis* dar. Bei den früher fälschlich als *B. johorensis* bezeichneten Barben handelt es sich um *B. hexazona* WEBER & BEAUFORT, 1912, welche dem *B. tetrazona*-Formenkreis zuzuordnen sind. Alle Arten des *B. lineatus*-Formenkrei-ses werden aufgrund ihrer Ähnlichkeit un-tereinander oft ver-wcchselt. *Barbus line-atus* besitzt keine bis zwei Barteln, die übri-gen Schwesternarten dagegen vier. Gele-gentlich kommen so-gar zwei Schwesternar-ten in einem gemein-samen Biotop vor.

Barbus oligolepis
(BLEEKER, 1853)
Eilandbarbe
Herkunft: Sumatra und weitere Inseln des Archipels.
Lebensraumtyp: I, II, III, IV
Größe: Etwa 5 cm.
Beschreibung: Diese Barben sind von leicht hochrückiger Gestalt. Die Körper-grundfarbe ist silbrig-bläulich, in Rich-tung Bauch jedoch rötlich. Die Schup-penansätze sind schwarz. Die Flossen sind, je nach Fundort, gelblich bis rot gefärbt und weisen, mit Ausnahme der Brustflossen, schwarze Flossensäume auf. Die Weibchen sind blasser und fülliger; zudem weisen sie, ebenso wie Jungfi-sche, ein Fleckenmuster am Körper auf.
Haltung: Bei Wassertemperaturen von etwa 23-26 °C, bis 15 °dGH, 0-5 °KH, bei einem pH-Wert von 5,5 bis 7, in Aquarien ab 60 cm Kantenlänge.
Pflege: Bei dieser gelegentlich etwas aggressiven Barbenart bilden die Männ-chen kleine Laichreviere, aus denen alle

störende Fische vertrieben werden. Für eine gute Bepflanzung ist Sorge zu tragen. Weiches, leicht saures Wasser, welches ein wenig mit im Wasser gelösten Humin-stoffen versetzt ist, fördert das Wohlbe-finden der Fische. Ein Wasserwechsel, alle vier bis sechs Wochen, von ¼ des Aquari-enwassers reicht aus. Eine starke Was-serbewegung muß vermieden werden. Die Eilandbarbe sollte ab acht Individu-en gepflegt werden.

Futter: Allesfresser

Zucht: M1, M2. Die Geschlechter sollten eine Zeit getrennt gehalten und später paarweise zur Zucht angesetzt werden. Aquarien ab 40 cm Kantenlänge sind geeignet. Die Männchen sind gegenüber nicht laichwilligen Weibchen aggressiv.

Besonderes: Von der Eilandbarbe existie-ren in der Natur eine Reihe von Farbva-rianten, bei denen hauptsächlich die Flos-senfärbung je nach Fundort variiert.
Die Barbenmännchen sind gelegentlich etwas ruppig gegenüber anderen Fischen. Trotzdem ist es eine sehr emp-fehlenswerte und schöne Barbenart.

*Barbus semifasciolatus-*Formenkreis
Arten: *Barbus semifasciolatus,* *B. „sachsi", B. „schuberti", B. sp.*

Barbus semifasciolatus
(GÜNTHER, 1868)
Messingbarbe
Herkunft: Südchina bis Vietnam und Hongkong.
Lebensraumtyp: I, II, V, VI
Größe: 5 bis 8 cm Totallänge.

Beschreibung: Die Nominatform weist einen leuchtend goldenen und grünen Glanz an den Körperseiten auf, der durch einige unregelmäßige grünlich-schwarze Flecken und vertikale Bänder unterbro-chen ist. Der Rücken ist braun oder auch grünlich gefärbt. Die Körperunterseite ist beim Weibchen weißlich, beim Männ-chen stimmungsbedingt intensiv orange bis rot gefärbt. Die Flossen sind beim Weibchen meist farblos, beim Männchen können diese, je nach Stimmung und Fundort, auch einen gelblichen oder röt-lichen Farbton aufweisen.

Haltung: 17-25 °C Wassertemperatur, bis 20 °dGH, 0-10 °KH, bei einem pH-Wert von 6 bis 7,5. Es sind Aquarien ab 80 cm Kantenlänge vorzusehen.

Pflege: Eine dauerhaft zu hohe Tempera-tur muß vermieden werden. Ansonsten ist diese Barbenart relativ einfach zu pfle-gen. Gelegentliche kräftige Wasserwech-sel mit Frischwasser fördern das Wohl-

Barbus semifasciolatus aus Hongkong ist bei normaler Zimmertempe-ratur gut zu pflegen. Eine Heizung ist für nördliche Fund-ortvarianten überflüssig. Sehr selten sind wildfarbene Messingbarben im Handel zu erstehen. Falls sich eine solche Gelegenheit bietet: Unbedingt zugreifen!

befinden dieser Fische. In einer Gruppe ab sieben sind sie wenig scheu, eine Vergesellschaftung mit anderen friedlichen Arten ist möglich (s. a. b. *B. conchonius*).
Futter: Allesfresser
Zucht: M1, M2. Die Zucht und Aufzucht ist nicht problematisch. Aquarien ab 50 cm Kantenlänge sind zu empfehlen.
Besonderes: Von der Messingbarbe gibt es eine Vielzahl sehr unterschiedlicher „Varianten", welche mit Sicherheit nicht alle einer Art angehören. Leider werden Wildfänge nicht importiert. Die von AHL 1923 beschriebene *B. sachsi* stammt, nach Angaben von DeBEAUFORT (1932), aus einem Teich bei Serangoon in Singapur. Einige Zeit nach ihrer Einführung ist sie aus den Aquarien verschwunden und wurde danach nicht mehr wiederentdeckt. Bei den zur Zeit im Handel angebotenen „Arten" *B. sachsi* und *B. schuberti* handelt es sich wahrscheinlich um gelbliche Zuchtformen von nicht näher bekannten Wildformen, die zum *B. semifasciolatus*-Formenkreis gehören, welche im Handel auch unter der Bezeichnung Brokatbarbe zu erwerben sind.

**Barbus tetrazona-Formenkreis
Arten: Barbus anchisporus,
B. endecanalis, B. foerschi,
B. hexazona, B. partipentazona, B. pentazona, B. rhomboocellatus, B. tetrazona**

Barbus anchisporus
VAILLANT, 1902
Borneo-Gürtelbarbe
Herkunft: Borneo
Lebensraumtyp: II, IV
Größe: Etwa 6,5 cm, Männchen bleiben etwas kleiner.
Beschreibung: Sie ist der gut bekannten *B. tetrazona* ausgesprochen ähnlich. Meist besitzen die Flossen, vor allem beim Männchen, einen rötlichen Farbton. Es wurden auch Fische mit kräftig roten Schwanzflossen bekannt. Der Körper ist etwas gedrungener als der von *B. tetrazona*.
Haltung und **Pflege:** Siehe b. *B. tetrazona*.
Futter: Allesfresser
Zucht: M1, M2, M3, siehe b. *B. tetrazona*.
Besonderes: Sie besitzt, im Gegensatz zu *B. tetrazona*, eine vollständige Seitenlinie. Auch ist ihre Körperhöhe im Verhältnis zur Körperlänge größer als bei *B. tetrazona*. Die Borneo-Gürtelbarbe wird vom Handel leider nur selten importiert. Gelegentlich bringen reisende Aquarianer diese Fische mit nach Deutschland.

Barbus hexazona WEBER
& DeBEAUFORT, 1912
Sechsbindenbarbe
Herkunft: Malaiische Halbinsel, Sumatra und Borneo.

Männchen der Borneo-Gürtelbarbe. Sie ist der gut bekannten Sumatrabarbe sehr ähnlich. Foto: H.-J. Richter

Lebensraumtyp: II, IV
Größe: Männchen etwa 4-4,5 cm, Weibchen etwa 5 cm.
Beschreibung: Sie ist der gut bekannten *B. pentazona* recht ähnlich. Sie unterscheidet sich durch einen etwas gestreckteren Körper und durch die Stellung des Körperstreifens auf dem Schwanzstiel. Bei *B. hexazona* befindet sich der Streifen mittig auf dem Schwanzstiel, bei *B. pentazona* reicht dieser Streifen rechts über die Mitte des Schwanzstiels hinaus, in Richtung der Schwanzflossenwurzel versetzt (s. S. 11, s. a. b. *B. pentazona*).
Haltung: 23-27 °C Wassertemperatur, bis 10 °dGH und 0-2 °KH, bei einem pH-Wert von 4 bis 7. Aquarien ab 60 cm Länge.
Pflege: In einer Gruppe ab fünf Barben. Diese Art bevorzugt weiches und saures Schwarzwasser. Sie ist jedoch weniger empfindlich als *B. foerschi* und verträgt auch gelegentliche Frischwassergaben gut (siehe auch bei *B.pentazona*).
Futter: Allesfresser
Zucht: M1, M2, M3, mit eingewöhnten Fischen nicht sehr schwierig.
Besonderes: Die Sechsbindenbarbe wird nur selten als Beifang importiert. Sie ähnelt *B. pentazona* sehr und ist auch gelegentlich nur schwer von ihr zu unterscheiden. Im Gegensatz zu *B. pentazona* verlaufen die Körperbinden oft auch unter dem Bauch. Die Streifen sind meist breiter als bei *B. pentazona*. Der kleine schwarze Punkt hinter der Rückenflosse fehlt bei *B. hexazona* immer. Bei der nah verwandten *B. pentazona* und *B. rhomboocellatus* ist dieser kleine schwarze Punkt nicht immer vorhanden. Gele-

gentlich kommen *B. hexazona* und *B. pentazona* im selben Biotop vor, zum Beispiel bei Bukit Merah auf der Maliischen Halbinsel. Der Artname *B. johorensis* wurde früher *B. hexazona* zugeordnet, aus heutiger Sicht ist dieser Name jedoch der Johore-Barbe aus dem *B. lineatus*-Formenkreis zuzuordnen. Der Name *B. eugrammus* ist ein Synonym zur „Linienbarbe", die nun als *B. johorensis* bezeichnet wird.

Barbus pentazona
BOULENGER, 1894
Fünfgürtelbarbe

Herkunft: Malaiische Halbinsel und Sumatra.
Lebensraum: II, IV
Größe: Männchen bis etwa 4,5 cm, Weibchen erreichen etwa knapp 5 cm.
Beschreibung: Die Fünfgürtelbarbe ist hochrückig. Ihre Körpergrundfarbe ist, je nach Stimmung, tief rot bis gelblichbraun. Fünf schwarz-bläulich bis grünlich gefärbte vertikale Körperstreifen befinden sich auf den Körperseiten. Ein Streifen läuft durch das Auge, ein weiterer befindet sich hinter den Kiemendeckel, der dritte befindet sich in etwa auf der Körpermitte, der vierte am Schwanzstielansatz und der letzte Streifen kurz vor der Schwanzwurzel. Die Schwanzflossenwurzel selbst ist dunkel. Die Körperstreifen sind zum Teil sehr unregelmäßig ausgeprägt. Ein kleiner schwarzer Punkt im hinteren Bereich des Rückenflossenansatzes ist je nach Fundort nicht immer vorhanden. Bei in Schwarzwasser gepflegten Fünfgürtelbarben sind die Flos-

Tip:
Damit Barben weniger scheu sind, können wir eine Gruppe kleinerer Bärblinge aus der Gattung *Rasbora*, oder Labyrinthfische wie beispielsweise Mosaikfadenfische, *Trichogaster leerii*, oder Ediths Kampffische, *Betta edithae*, dazu gesellen. Sie wirken meist beruhigend auf unsere Barben, so daß sie auch frei im Wasser schwimmen.

Jungfische von Rhombenbarben zeigen noch breite Körperbänder. Ob die von HOEDEMAN *1956 beschriebene, von Borneo stammende B. pentazona kahajani ein Synonym zur Rhombenbarbe darstellt ist nicht völlig geklärt; ihr Streifenmuster unterscheidet sich von dem junger B. rhomboocellatus. Auch wurde diese Art fälschlicherweise als Synonym zu B. pentazona tetrazona BLEEKER, 1857 gewertet. Leider werden viele Arten des B. tetrazona-Formenkreises nicht oder nur selten importiert. Foto: H. Linke*

sen intensiv rot. Die Männchen sind bunter und schlanker als die Weibchen (s. S. 16).

Haltung: 23-27 °C Wassertemperatur, bis 10 °dGH und 0-2 °KH, bei einem pH-Wert von 4 bis 7. Aquarien ab 60 cm Länge.

Pflege: In einer Gruppe ab fünf Individuen in gut bepflanzten Aquarien. Weiches und saures Schwarzwasser wird bevorzugt. Gegen Frischwasser ist sie nicht empfindlich, doch verlieren diese Barben ihre schönen Farben. *Barbus pentazona* ist relativ friedlich und gut mit anderen Fischen zu vergesellschaften. Ein Teilwasserwechsel braucht nur etwa alle drei Monate zu erfolgen.

Futter: Allesfresser

Zucht: M1, M2, M3. Die Zucht ist nicht problematisch. 25 °C, 3-5 °dGH, 0 °KH und ein pH-Wert von 4,5 bis 6 sind geeignete Wasserparameter. Aquarien ab 50 cm Kantenlänge sind geeignet.

Besonderes: Die Fünfgürtelbarbe bewohnt zum Teil Biotope in denen sie auch mit *B. hexazona* oder auch *B. rhomboocellatus* gemeinsam vorkommt. *B. pentazona* ist jedem Aquarianer sehr zu empfehlen, da sie sehr friedfertig und zudem recht hübsch ist. Diese Barbenart ist im Handel fast immer im Bestand.

Barbus rhomboocellatus (KOUMANS, 1940) Rhombenbarbe

Herkunft: Borneo und Sumatra.
Lebensraumtyp: IV
Größe: Männchen bis zu 4,8 cm, Weibchen etwa 5 cm.
Beschreibung: Sie ist der *B. petazona*

recht ähnlich. *B. rhomboocellatus* hat jedoch stark verbreiterte Körperbänder, welche je nach Alter der Fische, aber auch je nach Fundort, helle Stellen innerhalb der Bänder ausbilden. Der kleine dunkle Fleck am hinteren Rückenflossenansatz ist nicht immer vorhanden. Im Schwarzwasser gepflegte Rhombenbarben besitzen rötliche Flossen.

Haltung: Siehe bei *B. pentazona*.

Pflege: Siehe bei *B. pentazona*.
Futter: Allesfresser
Zucht: M1, M3. Eingewöhnte Barben lassen sich leichter zur Nachzucht bringen. Wichtig sind im Wasser gelöste Huminstoffe und weiches und saures Wasser (siehe auch bei *B. pentazona*).
Besonderes: *B. rhomboocellatus* läßt sich unter Aquarienbedingungen mit *B. pentazona* kreuzen. Durch eine falsche Haltung beim Händler und beim Aquarianer zeigt sie oftmals keine Farben und wird daher leider einfach übersehen (siehe auch bei *B. pentazona*).

Barbus tetrazona
BLEEKER, 1857
Sumatrabarbe
Herkunft: Sumatra und Borneo.
Lebensraumtyp: II, IV
Größe: Männchen etwa bis 6,5 cm, Weibchen bis zu 7 cm.
Beschreibung: Die Sumatrabarbe ist hochrückig. Vier deutliche schwarze, vertikale Bänder laufen über die silbrig bis gelblich glitzernden Körperseiten. Der Rücken ist gelblich-braun. Das erste Band verläuft von der Kopfoberseite nach unten über das Auge, das zweite etwas vor dem Rückenflossenansatz, das dritte direkt hinter der Rückenflosse und das letzte Band befindet sich auf der Schwanzwurzel. Die Rückenflosse besitzt ein breites, schwarzes Band, der Flossensaum ist tiefrot, auch die Bauchflossen sind rot gefärbt. Je nach der Wasserbeschaffenheit und je nach Fundort besitzen Sumatrabarben auch rote Schwanz-, After- und Brustflossen (s. S. 7 und 17).
Haltung: 23-27 °C Wassertemperatur, bis 15 °dGH und 5 °KH, bei einem pH-Wert von 4,5 bis 7. Aquarien ab 80 cm Länge.
Pflege: Diese schwimmaktive und gelegentlich ruppige Barbe muß in einer Gruppe ab zehn Individuen gepflegt werden. Mit zierlichen kleinen Fischen können sie nicht vergesellschaftet werden. Im Wasser gelöste Huminstoffe fördern das Wohlbefinden. Weiches und saures Wasser wird bevorzugt. Aufgrund des hohen Stoffwechsels ist der Filter nicht zu klein zu wählen. Eine leichte Wasserbewegung ist zu empfehlen. Ein Teilwasserwechsel etwa alle sechs bis acht

Wochen von ¼ des Aquarienwassers ist ausreichend.
Futter: Allesfresser
Zucht: M1, M2, M3. Die Zucht ist problemlos. Weiches und leicht saures Wasser ist zu empfehlen. Empfehlenswert sind Aquarien ab 60 cm Kantenlänge.
Besonderes: *Puntius sumatranus* WEBER & DEBEAUFORT, 1916, stellt nach KOTTELAT ein Synonym zu der von Borneo stammenden *B. tetrazona* dar. Von dieser recht beliebten und robusten Barbenart gibt es eine Reihe von Zuchtformen. Sehr beliebt sind die sogenannten Moosbarben, bei denen die grün-schwarzen Farben stärker herausgezüchtet wurden. Die aus Südborneo stammenden *B. endecanalis* ROBERTS, 1989 und *B. foerschi* KOTTELAT, 1982 unterscheiden sich durch ihre Streifenmuster deutlich von anderen Arten, sie werden jedoch nicht importiert.

Crossocheilus siamensis
(SMITH, 1931)
Siamesische Grünflossenbarbe
Herkunft: Thailand, Malaiische Halbinsel.
Lebensraumtyp: II, IV
Größe: In der Natur bis zu 20 cm Länge.
Beschreibung: Sehr langgestreckte Barbe mit einem kräftig schwarzen Längsstreifen, der von der Schnauzenspitze bis in die Schwanzflosse reicht. Der Rücken ist gelblich-braun. Die Körperunterseite ist weiß. Alle Flossen sind farblos bis zart gelblich. Der Kopf ist schlank und spitz. Das Maul ist unterständig. Männchen sind zierlicher als die Weibchen.
Haltung: 20-26 °C Wassertemperatur, bis 15 °dGH und 5 °KH, bei einem pH-Wert

Hinweis:
Alle Barben aus dem Barbus tetrazona-Formenkreis bevorzugen weiches und huminsaures Wasser. Den kleineren Arten bieten wir ein mit Schwimmpflanzen abgedunkeltes Aquarium. Eine leichte Wasserbewegung fördert das Wohlbefinden.

Viele ähnliche Arten werden mit der Siamesischen Grünflossenbarbe verwechselt. Während Jungfische noch recht gute Algenfresser sind, interessieren sich ausgewachsene Exemplare für eine ausgewogene Mischkost; Algen werden nur noch nebenbei gefressen.

von 5,5 bis 7. Aquarien ab 80 cm Länge.

Pflege: Diese friedliche Barbenart sollte in einer Gruppe ab sieben Individuen gepflegt werden. Als Bodengrund sollte Sand und Kies Verwendung finden. Weiches, leicht saures Frischwasser wird bevorzugt. Eine Vergesellschaftung mit anderen Fischen ist problemlos. Ein Teilwasserwechsel kann etwa alle vier bis sechs Wochen erfolgen, wobei etwa bis ⅓ des Aquarienwassers ausgetauscht wird. Ein Filter sollte für eine leichte bis mäßige Wasserbewegung sorgen.

Futter: Aufwuchsfresser, Allesfresser, auch zarte pflanzliche Kost wie Grünalgen.

Zucht: Bislang ist über eine gelungene Zucht nichts bekannt. M4 müßte für einen Zuchtversuch geeignet sein.

Besonderes: Neben den Saugwelsen sind diese Barben die beliebtesten Algenvertilger, die sich sogar über junge Faden- und Bartalgen hermachen. Sie werden im Handel oft als Jungfische angeboten, wobei es aber zu Verwechslungen mit anderen, nicht Algen fressenden Arten kommen kann. Dabei werden *C. siamensis* oft mit *Epalzeorhynchos kalopterus* oder *Garra*-Arten verwechselt. Sehr selten werden andere *Crossocheilus*-Arten wie *C. oblongus* WEBER & BEAUFORT, 1916 als Beifänge importiert. Weitere sehr ähnliche Arten werden oft verwechselt, da die Unterschiede für Laien nicht einfach auszumachen sind. Leider befassen sich nur wenige Spezialisten intensiv mit diesen Barben. Als beliebte „Algenvertilger" sind sie dagegen in fast jedem Gesellschaftsaquarium anzutreffen.

Epalzeorhynchos bicolor (SMITH, 1931)
Feuerschwanz, Fransenlipper

Herkunft: Thailand: mittlerer Menam Chao Phya und Paknampo, Zentralthailand.

Lebensraumtyp: II, IV, VI

Größe: In der Natur bis zu 40 cm Länge.

Beschreibung: Diese unverwechselbare Art besitzt einen gestreckten schwarzen Körper und eine feuerrote Schwanzflosse. Alle übrigen Flossen sind schwarz. Männchen sind schlanker und besitzen eine ausgezipfelte Rückenflosse.

Haltung: 20-27 °C Wassertemperatur, bis 15 °dGH und 5 °KH, bei einem pH-Wert von 5,5 bis 7. Aquarien ab 1,2 m Kantenlänge sind zu empfehlen.

Pflege: Der Feuerschwanz ist eine stark territoriale Art, welche störende Fische aus ihrem Revier vertreibt. Bei einer Pflege in einer Gruppe ist darauf zu achten, daß eine Reviergründung unmöglich gemacht wird, indem wir möglichst gleich großen Fischen jeweils etwa 20 x 20 bis 25 x 25 cm Bodenfläche bieten. Das entspricht einem Besatz von etwa acht Feuerschwänzen in einem Aquarium von 1,2 m Länge. Die Aquarieneinrichtung

muß möglichst gut mit Wurzelstücken und Steinen strukturiert sein. Eine kräftige Bepflanzung ist zu empfehlen. Die Wassertemperatur darf nicht dauerhaft hoch gehalten werden, eine auf drei Monate begrenzte Temperaturabsenkung auf 20 °C fördert das Wohlbefinden. Eine Vergesellschaftung mit kleineren Fischen ist meist problemlos. Einzeln gehaltene Feuerschwänze können sich zu Tyrannen entwickeln, die andere Fische aus ihrem Revier, das heißt das ganze Aquarium, vertreiben wollen. Weiches, leicht saures Frischwasser wird bevorzugt. Ein Teilwasserwechsel muß etwa alle sechs bis acht Wochen erfolgen, wobei etwa ¼ des Aquarienwasser ausgetauscht wird.

Futter: Allesfresser. Es muß auf eine möglichst gute Verteilung des Futters im Aquarium geachtet werden, damit unterlegene Fische nicht zu kurz kommen.

Zucht: Die im Handel erhältlichen Jungfische stammen von mit Hormonen behandelten Fischen ab. Die so behandelten Elterntiere sollen in Höhlen und Verstecken ablaichen. Eine normale Nachzucht dieser Art gelang bisher nur sehr selten. Geeignete Methoden stellen M2

und M4 dar. Jedoch muß für mehr Versteckplätze gesorgt werden.

Besonderes: Aufgrund ihrer attraktiven Erscheinung ist diese Barbenart ein sehr beliebter Aquarienfisch. Leider beschäftigen sich nur wenige Spezialisten gezielt mit diesen Fischen. Daß eine gemeinschaftliche Pflege von mehreren Individuen einer *Epalzeorhynchos*-Art funktioniert, ist im Berliner Zoo-Aquarium am Beispiel von *E. frenatum* und *E. kalopterus* zu sehen. Dort wird diesen Fischen zwar ein sehr großer Raum zur Verfügung gestellt, jedoch entspricht er weitgehend dem hier beschriebenen Prinzip, denn bei einer drastischen Verringerung der Bestandsdichte würde dieses Gleichgewicht schnell kippen.

Epalzeorhynchos frenatum (FOWLER, 1934)
Grünlicher Fransenlipper, Rotflossiger Fransenlipper

Herkunft: Mittlerer und unterer Mekong
Lebensraumtyp: II, IV, VI
Größe: In der Natur bis zu 30 cm Länge.
Beschreibung: Von den Körperproportionen *E. bicolor* recht ähnlich, jedoch etwas langgestreckter. Alle Flossen sind rot gefärbt. Die Afterflosse besitzt auch schwarze Farbanteile. Der Körper ist bei jungen Exemplaren leicht oliv-grünlich gefärbt, bei adulten ist er dunkelbraun. Ein kurzer schwarzer Streifen läuft vom Augenrand horizontal bis zur Schnauzenspitze. Der Kopf ist etwas heller gefärbt als der übrige Körper (siehe Umschlag, vorn, unten rechts).
Haltung: 17-26 °C Wassertemperatur, bis

Der Feuerschwanz ist eine sehr schöne Barbenart welche vom Handel immer angeboten wird. Doch sollte der Aquarianer bedenken, daß diese Art stark territorial ist und bei falscher Haltung zum Problemfisch werden kann.

Hinweis: Im Aquarium bleiben *Epalzeorhynchos bicolor* und *E. frenatum* kleiner als es in der Natur der Fall ist. Daher sind die Pflegehinweise auf die im Handel angebotenen kleinen, bis 13 cm langen Fische anzuwenden. Größeren Fischen müssen wir mehr Platz bieten!

15 °dGH und 0-5 °KH, bei einem pH-Wert von 5,5 bis 7.

Pflege: Siehe bei *E. bicolor*.

Futter: Allesfresser, siehe auch bei *E. bicolor*.

Zucht: Siehe *E. bicolor*.

Besonderes: *Labeo erythrurus* FOWLER, 1937 wird als Synonym zu *E. frenatum* angesehen, bei der es sich lediglich um eine Fundortvariante handeln soll. *Epalzeorhynchos frenatum* ist eine ebenfalls prächtige Art welche ein wenig friedlicher als *E. bicolor* ist. Gelegentlich wird auch eine albinotische Zuchtform von *E. frenatum* angeboten. Wie schon bei *E. bicolor* erwähnt, beschäftigen sich nur wenige Spezialisten intensiver mit diesen prächtigen Fischen. Nahezu unbekannt ist die Art *E. munense* (SMITH, 1934) aus dem Mekong, als Besonderheit dieser Art gilt die weiße Schwanzflosse.

Epalzeorhynchos kalopterus (BLEEKER, 1850) Schönflossenbarbe

Herkunft: Süd-Thailand, Malaiische Halbinsel, Sumatra und Borneo.

Lebensraumtyp: II, IV

Größe: Bis etwa 12 cm, selten größer.

Beschreibung: Sehr langgestreckte Art mit einem kräftigen schwarzen Längsband, welches sich von der Schnauzenspitze, durch das Auge laufend, horizontal, bis in die Schwanzflosse erstreckt. Der Rücken ist braun. Oberhalb des schwarzen Längsbands befindet sich ein schmales, goldfarbenes Band. Unterhalb des schwarzen Bands ist der Körper zart bräunlich bis weißlich gefärbt. Je nach Fundort sind die Flossen recht farblos bis gelblich oder rötlich. Der obere Bereich der Rückenflosse ist schwarz. Die After- und Bauchflossen sind weiß gerandet. Weibchen sind fülliger und leicht hochrückiger als die Männchen (s. S. 6).

Haltung: 22-27 °C Wassertemperatur, bis 12 °dGH und 5 °KH, bei einem pH-Wert von 5 bis 7. Aquarien ab 1 m Kantenlänge sind zu empfehlen.

Pflege: Die Schönflossenbarbe bevorzugt weiches, saures Wasser, welches im Wasser gelöste Huminstoffe aufweisen sollte. Sie ist daher eher in Aquarien mit Schwarzwasser zu pflegen (siehe auch bei *E. bicolor*).

Futter: Allesfresser, siehe auch bei *E. bicolor*.

Zucht: Nicht bekannt, siehe auch bei *E. bicolor*.

Besonderes: Diese Art wird als Jungfisch oft mit *Crossocheilus siamensis* verwechselt. *E. kalopterus* gebührt mehr Aufmerksamkeit, da sie neben ihrer schönen Erscheinung auch ein interessantes Verhaltensspektrum zeigt.

Größere Barben für Aquarien ab zwei Meter Länge

Balantiocheilus melanopterus (BLEEKER, 1851) Haibarbe

Herkunft: Sumatra, Borneo, Malaysia, Thailand, Laos und Kambodscha.

Lebensraumtyp: II, IV

Größe: Bis zu 35 cm.

Beschreibung: Der silbrige Körper ist ge-

streckt. Bis auf die Brustflossen besitzen alle Flossen eine kräftige, gelbe Färbung und einen breiten schwarzen Rand. Besonders Jungfische sind hübsch gefärbt.
Haltung: 22-27 °C Wassertemperatur, bis 12 °dGH und 0-5 °KH, bei einem pH-Wert von 5 bis 7.
Pflege: Die Haibarbe sollte in einer Gruppe ab sieben Individuen gcpflegt wer-

den. Sie ist in ungenügend eingerichteten Aquarien sehr schreckhaft und kann an Schock sterben. Daher sind die Aquarien gut zu bepflanzen, wobei eine Schwimmpflanzendecke die Oberfläche teilweise bedecken soll. Haibarben sind auch gute Springer, so daß das Aquarium gut abgedeckt werden muß. Ein ausreichend großer freier Schwimmraum muß freigehalten werden. Weiches, leicht saures Wasser wird bevorzugt. Ein wenig im Wasser gelöste Huminstoffe fördern das Wohlbefinden dieser Barbenart. Ein leistungsstarker Filter soll für eine leichte bis mäßige Wasserbewegung sorgen. Ein Teilwasserwechsel muß wegen der Schreckhaftigkeit dieser Art sehr behutsam vorgenommen werden. Dazu kön-

nen etwa alle sechs bis acht Wochen ⅕ bis ⅛ des Aquarienwassers ausgetauscht werden. Eine Vergesellschaftung mit anderen Fischen ist problemlos, da die Haibarbe recht friedlich ist.
Futter: Allesfresser. Wegen des relativ kleinen Mauls darf das Futter nicht zu grob ausfallen.
Zucht: Bislang liegen keine Daten vor. M1, M2, M3 dürften geeignet sein. Möglicherweise sind fehlgeschlagene Zuchtversuche auch auf eine unzureichende Ernährung zurückzuführen.
Besonderes: Die Haibarbe ist eine aufgrund ihrer Erscheinung recht beliebte Barbenart, welche aber nicht für „Normalaquarianer" geeignet ist! Sie ist dem erfahrenen Aquarianer, der dieser Art die Platzbedürfnisse erfüllen kann, zu empfehlen. Adulte Haibarben können beim Fressen hörbare Töne erzeugen.

Barbodes schwanenfeldii
(BLEEKER, 1853)
Schwanefelds Barbe, Brassenbarbe
Herkunft: Malaysia, Sumatra, Java, Borneo.
Lebensraumtyp: II, IV, VI
Größe: Erreicht etwa 35 cm Totallänge.
Beschreibung: Die Brassenbarbe hat ähnliche Körperproportionen wie unsere einheimische Brasse, *Abramis brama*. Die Flossen sind jedoch deutlich anders gefärbt; die Bauch-, After- und Rückenflosse sind kräftig orange bis rot. Der obere Teil der Rückenflosse ist schwarz. Die Schwanzflosse ist rot-schwarz gerandet. Die Augen leuchten gelblich. Weibchen sind fülliger.

sHaibarben werden oft als Jungfische oder halbwüchsige Exemplare im Handel angeboten. In ungenügend eingerichteten Aquarien sind sie sehr schreckhaft und schlagen in Panik gegen die Glasscheiben, wobei sie sich ernsthafte Verletzungen zuziehen können, die gelegentlich auch tödlich enden. Daher ist auch bei einer Pflege von Jungfischen ein großes Aquarium unbedingt erforderlich. Foto: M.-P. & C. Piednoir

Die Schwanen-feld-Barbe ist schon als Jungfisch ansprechend gefärbt. Leider wird sie recht groß und dann aufgrund des Platzbedarfs und des hohen Stoffwechsels zum Problem.

Hinweis: Von *Barbus bino-tatus* gibt es zahlreiche Synonyme, die möglicher-weise nicht alle berechtigt sind. So stellt die zur Zeit noch oft als Synonym gewertete *B. maculatus* (VALENCIENNES, 1842) den Genotyp der Gattung *Systo-mus* dar.

Haltung: 20-26 °C Wassertemperatur, bis 15 °dGH und 0-5 °KH, bei einem pH-Wert von 5,5 bis 7,5.

Pflege: In einer Gruppe ab fünf Individu-en. Diese Art ist wenig aggressiv und gut zu vergesellschaften. Der hohe Stoff-wechsel dieser Barbenart muß beachtet werden. Sie braucht viel freien Schwimm-raum. Weiches und leicht saures Wasser wird bevorzugt (s. a. b. *B. orphoides*).

Futter: Allesfresser. Die Art ein zur Kör-perlänge relativ kleines Maul.

Zucht: M1, M4. Die Zucht wurde wohl bislang nicht ernsthaft versucht (siehe auch bei *B. lateristriga*).

BESONDERES: *B. schwanenfeldii* wird gele-gentlich mit der kleiner bleibenden *B. altus* (GÜNTHER, 1868) verwechselt. Die rötlichen Schwanzflossen der *B. altus* weisen im Gegensatz zur Brassenbarbe keine schwarzen Balken auf. Große Bras-senbarben sind eine wahre Augenweide.

Barbus binotatus
VALENCIENNES, 1842
Große Zweifleckbarbe

Herkunft: Malaysia, Borneo, Indonesien, Philippinen und Thailand.

Lebensraumtyp: II, IV, VI

Größe: Etwa 17 cm Totallänge.

Beschreibung: Je nach Fundort ist ihre Erscheinung unterschiedlich. Ihr, je nach Lichteinfall, silbrig-grünlicher Körper ist durch einen markanten keilförmigen dunklen Fleck am Rücken, welcher etwas vor der Rückenflosse beginnt, gekenn-zeichnet. Er reicht mit der Keilspitze nur etwa bis in die Körpermitte. Am Ende des Schwanzstiels befindet sich ein dunk-

ler kleiner Fleck. Alle Flossen besitzen einen zarten rötlichen bis gelblichen Farb-ton. Mancherorts fehlt der keilförmige Fleck am Körper und es ist lediglich ein dunkler Punkt unter dem Rückenflos-senansatz zu erkennen. Jungfische zeigen auch einen dunklen Fleck vor der After-flosse. Je nach Fundort zeigen adulte Fische ein zartes Band, welches hinter den Kiemendeckeln beginnt und bis in die Schwanzwurzel reicht. Aus Thailand sind Fundortformen mit zart rosafarbe-nem Körper bekannt geworden (s. S .13).

Haltung: 22-27 °C Wassertemperatur, bis 15 °dGH und 0-5 °KH, bei einem pH-Wert von 5 bis 7.

Pflege: In einer Gruppe ab fünf Individu-en. Das Aggressionsverhalten ist wenig ausgeprägt, so ist eine Vergesellschaf-tung mit anderen Arten durchaus mög-lich. Weiches, leicht saures Wasser wird bevorzugt. Im Wasser gelöste Humin-stoffe fördern das Wohlbefinden. Der Fil-ter muß entsprechend dem hohen Stoff-wechsel der Fische groß ausgelegt sein. Ein Wasserwechsel sollte alle sechs bis

acht Wochen erfolgen, wobei etwa ⅙ des Aquarienwassers gewechselt wird.

Futter: Allesfresser

Zucht: M1, M4. Die Zucht ist nicht schwer. Das Zuchtaquarium muß mindestens 1,2 m Kantenlänge aufweisen. Etwa 25 °C, 3-6 °dGH, 0 °KH, bei einem pH-Wert um 6 sind geeignete Wasserparameter.

Besonderes: *B. binotatus* ist eine Barbenart, welche dem Liebhaber großer Barben empfohlen werden kann. Vor allem adulte Exemplare wirken recht imposant.

Barbus lateristriga
VALENCIENNES, 1842
Schwarzbandbarbe

Herkunft: Malaiische Halbinsel, Sumatra, Java und Borneo.

Lebensraumtyp: II, IV, VI

Größe: Bis etwa 20 cm Totallänge.

Beschreibung: Die Schwarzbandbarbe ist als adulter Fisch recht hochrückig. Der Rücken ist bräunlich. Die Körperseiten sind schmutzig weißlich gefärbt. Ein kräftiges dunkles vertikales Band befindet sich etwas hinter dem Kiemendeckel. Ein weiteres kräftiges vertikales Band befindet sich unterhalb der Rückenflosse. Mittig auf dem Schwanzstiel befindet sich dagegen ein horizontales schwarzes Band, welches ein wenig in die Schwanzflosse hinein läuft. Bei adulten sind die Flossen trüb, gräulich gefärbt. Männchen zeigen auch gelbliche bis zart orangefarbene Farbtöne am Körper und sind etwas hochrückiger als die Weibchen.

Haltung: 20-27 °C Wassertemperatur, bis 15 °dGH und 0-5 °KH, bei einem pH-Wert von 5 bis 7,2.

Pflege: Männchen dieser Barbenart sind gelegentlich etwas zänkisch. Daher empfiehlt sich eine Gruppenhaltung von einem Männchen und vier Weibchen oder in ausreichend großen Aquarien auch eine größere Gruppe von mindestens fünf Männchen und fünf Weibchen. Weiches und leicht saures Wasser wird bevorzugt. Die hohe Stoffwechselrate dieser Barben muß beachtet werden! Diese robusten Barben vertragen auch Frischwasser recht gut, daher können wir bei einem Wasserwechsel problemlos Wasser aus der Leitung verwenden.

Von der Schwarzband-barbe gibt es eine Reihe von Synonymen. Je nach Fundort variieren die Zeichnungsmuster und auch die Körper- und Flossenfärbung. Im Bild eine halbwüchsige B. lateristriga.

Alle Leptobarbus-Arten benötigen als ausgewachsene Fische viel Platz. Jungfische können jedoch eine Zeit lang in „kleineren" Aquarien gepflegt werden. Im Bild eine halbwüchsige L. hoevenii.
Foto:
H. Custers

Einer Vergesellschaftung mit anderen Fischarten steht nichts entgegen.

Futter: Allesfresser. Werden sie im Futter knapp gehalten, so fressen sie die Wasserpflanzen. Einmal auf den Geschmack gekommen, sind sie so schnell nicht wieder davon abzubringen.

Zucht: M1, M4, einfach und sehr ergiebig. Um 25 °C, 3-10 °dGH, 0-2 °KH, bei einem pH-Wert von 5,5 bis 7 sind günstige Wasserparameter.

Besonderes: Von *B. lateristriga* gibt es eine Reihe von Synonymen: *Puntius kuchingensis* HERRE, 1940, *P. lateristriga punctatus* BANARESCU & BIANCO, 1984, *B. zelleri* AHL, 1937. Die Schwarzbandbarbe wird im Handel oft in hohen Stückzahlen als Jungfisch angeboten. Die Jungfische wachsen rasch und sind schnell für „normale" Aquarien viel zu groß.

Leptobarbus hoevenii
(BLEEKER, 1851)
Siambarbe, Schlankbarbe
Herkunft: Thailand, Malaysia, Sumatra und Borneo.
Lebensraumtyp: II, IV, VI
Größe: Über 40 cm.
Beschreibung: Der silbrige Körper der Siambarbe ist langgestreckt. Der Kopf ist groß. Hinter dem Kiemendeckel befindet sich ein schmaler vertikaler Fleck. Der Rücken ist braun. Die Schuppen auf den Rücken glänzend golden. Je nach Lichteinfall glänzen die Körperseiten auch zartblau bis grünlich. Die After- und Bauchflossen sind kräftig orange bis rot gefärbt. Bei der Schwanzflosse sind die Rottöne verwaschen, wobei der untere Rand der Flosse je nach Fundort einen schwarzen Saum aufweisen kann.

Auch kann die Schwanzflosse einfach nur rauchfarben sein. Bei älteren Individuen sind die Flossen etwas verlängert.

Haltung: 22-27 °C Wassertemperatur, bis 15 °dGH und 0-5 °KH, bei einem pH-Wert von 5 bis 7,5.

Pflege: Die Siambarbe muß in einer Gruppe ab fünf Individuen gepflegt werden. Sie ist ein guter Springer, weshalb das Aquarium gut abgedeckt sein muß. Das Aggressionsverhalten ist mäßig ausgeprägt. Eine gemeinsame Pflege mit anderen Fischen, sofern sie nicht ins Maul der Siambarben passen, ist gut möglich. Bezüglich der Wasserparameter sind sie nicht problematisch, wobei jedoch weiches und leicht saures Wasser bevorzugt wird. Wegen des hohen Stoffwechsels sind die Filter regelmäßig zu kontrollieren und gegebenenfalls zu reinigen. Bei einem Wasserwechsel können wir auch Frischwasser aus der Leitung verwenden.

Futter: Allesfresser. Pflanzliche Kost muß zu gefüttert werden. Rote Paprika- und Möhrenstückchen werden gerne gefressen und sorgen zudem für eine schöne Flossenfärbung der Barben.

Zucht: Bislang wurde sie nicht versucht. M1, M4 erscheinen geeignet.

Besonderes: Diese Art stellt in ihrem Verbreitungsgebiet einen beliebten Speisefisch dar. Liebhabern großer Fische ist diese Barbe durchaus zu empfehlen, zumal die Siambarben auch als adulte Exemplare recht attraktiv aussehen. Achtung – gelegentlich werden Jungfische im Handel als sogenannte *Rasbora* spec. angeboten!

Luciosoma trinema
(BLEEKER, 1852)
Hechtbarbe

Herkunft: Sumatra, Borneo und Malaysia.

Lebensraumtyp: II, IV

Größe: Bis zu 30 cm Totallänge können erreicht werden.

Beschreibung: Besonders als Jungfische sehr agile Fischchen mit langgestrecktem, grazilem Körperbau. Drei dunkle Körperstreifen erstrecken sich vom Kopf bis zur Schwanzflosse. Die Brustflossen sind sehr lang und erreichen die Bauchflossenbasis. Sowohl die Rücken- als auch die Afterflosse liegen nah vor der Schwanzflosse. Die Barteln sind lang und reichen über den Augenrand hinaus.

Haltung: Sauberes und leicht huminsaures Wasser. Eine Wassertemperatur von 23-27 °C, bis zu 15 °dGH und 0-10 °KH werden toleriert. Weichwasser wird bevorzugt. Der pH-Wert sollte zwischen 5 und 6,8 liegen. Aquarien ab 2,5 m Kantenlänge sind geeignet.

Pflege: In einer Gruppe von etwa sieben bis zehn Fischen fühlen sich die Hechtbarben wohl. Viel freier Schwimmraum und eine gute Abdeckung des Aquariums sind wichtig. Achtung – Hechtbarben sind gute Springer!

Mit vorwiegend am Boden orientierten Fischarten, die aufgrund ihrer Größe als Futter nicht in betracht kommen, lassen sich Hechtbarben gut vergesellschaften.

Futter: Gefräßiger Allesfresser, vorwiegend räuberisch. Kleine Fische sowie größere Insekten und deren Larven stellen im Aquarium eine gute Nahrungsgrundlage dar. Kräftiges Trockenfutter

Hechtbarben
sind elegante
Räuber größe-
rer Gewässer.
Eine Pflege
muß in großen
weiträumigen
Aquarien erfol-
gen. Eine leich-
te bis mäßige
Wasserbewe-
gung fördert
das Wohlbefin-
den dieser
interessanten
Barben. Über
das Ablaichver-
halten ist nichts
bekannt.
Foto:
M. Matzusaka

wie Sticks kann zu gefüttert werden. Bei der Fütterung muß berücksichtigt werden, daß es sich bei dieser Art um einen wasseroberflächenorientierten Räuber handelt, der seine Nahrung nur selten in tiefere Wasserschichten sucht.

Zucht: Nicht bekannt. Als geeignet erscheinen M1, M2 und M3. Weiches und saures, mit im Wasser gelösten Huminstoffen versehenes, Aquarienwasser ist zu verwenden.

Besonderes: Als Jungfisch wird diese Art verharmlosend als *Rasbora* spec. oder als Hechtbärbling im Handel angeboten. Gelegentlich sind sie etwas zänkisch. Alle Hechtbarbenarten sind nichts für „Normal-Aquarianer".

Myxocyprinus asiaticus (BLEEKER, 1864) Wimpelkarpfen

Herkunft: Nördliches China
Lebensraumtyp: II, VI
Größe: Etwa 45 bis 60 cm Totallänge.

Beschreibung: Aufgrund der ersten 20 bis 24 sehr hohen Rückenflossenstrahlen sehr markante Gattung. Wimpelkarpfen besitzen einen unregelmäßig gefleckten Körper, drei breite Streifen befinden sich auf beiden Körperseiten. Mit zunehmendem Alter der Fische wird die Rückenflosse schmaler. Adulte Exemplare besitzen einen langgestreckten Körper, welcher nur noch braun-rötlich gefärbt ist.

Junge Wimpel-
karpfen,
Myxocyprinus
asiaticus, *sind*
aufgrund ihrer
äußeren
Erscheinung
recht interes-
sante Fische.
Daher werden
diese doch sehr
groß werden-
den Barben oft
unüberlegt
erworben. Mit
zunehmender
Größe ver-
schwinden die
Zeichnungsele-
mente. Der
hohe Stoff-
wechsel der
Wimpelkarpfen
ist zu berück-
sichtigen.
Foto: M.-P. &
C. Piednoir

Haltung: Jungfische können eine kurze Zeit in Aquarien ab 2 m Kantenlänge gehalten werden. In bezug auf die Wasserparameter sind sie relativ anspruchslos, wegen des hohen Stoffwechsels ist ein sehr leistungsfähiger Filter notwendig.

Pflege: Eine Wassertemperatur von 15 bis 26 °C, ein pH-Wert von 6-7,5 und bis 25 °dGH und 20 °KH werden problemlos hingenommen.

Futter: Allesfresser, Aufwuchsfresser.

Zucht: Es sind keine Daten verfügbar.

Besonderes: Der Wimpelkarpfen ist ein beliebter Speisefisch, der in größeren Flüssen unterhalb der Wohnbehausungen in Netzen gehalten und gemästet wird. Es gibt eine Reihe von Unterarten, die für die „normale Aquaristik" ebenfalls viel zu groß werden. Daher sollten diese Fische den großen öffentlichen Schauaquarien oder den Liebhabern großer Fische mit sehr großen Aquarien vorbehalten bleiben. Wimpelkarpfen geben bei der Nahrungsaufnahme deutlich hörbare Töne von sich. Beim Abweiden veralgter Steine im Aquarium sind diese lauten schlagenden Geräusche noch mehrere Meter weit hörbar.

Ich hoffe, daß Ihnen dieses Buch einen guten Start in die erfolgreiche Pflege und Zucht von Barben ermöglicht. Seien Sie jedoch nicht gleich enttäuscht, falls ein Zuchtversuch mißlingt. Geduld, Fingerspitzengefühl und Erfahrung gehören zur Pflege und Zucht von Fischen dazu. Daher sind die eigenen gesammelten Erkenntnisse und Erfahrungen sehr wichtig. Hilfreich ist der Kontakt zu Gleichgesinnten, da der rege Erfahrungsaustausch eigene neue Erkenntnisse bietet. Lassen sie sich von den „alten Hasen" helfen, die in vielen Aquarienvereinen nur darauf brennen ihren reichen Erfahrungsschatz an andere weiter zu geben. Der BSSW (VDA-Arbeitskreis Barben – Salmler – Schmerlen – Welse, Kontakt: Geschäftsführer Uwe Wolf, Lindenwiese 5, 98544 Zella-Mehlis,

eMail: akgeschaeftsfuehrer@bssw-online.de, Internet: http:// www.bssw-online.de) befaßt sich unter anderem auch mit Barben. Viele Barbenarten sind noch unbeschrieben oder wenig erforscht. Das Laichverhalten einiger Arten ist sogar heutzutage noch völlig unbekannt. Neue schöne Barbenarten oder Varianten gelangen immer wieder in den Handel. Vielleicht gelingt es Ihnen ja, das eine oder andere Geheimnis bei der Zucht selten gepflegter Arten zu lüften. Ich wünsche Ihnen viel Erfolg bei der Pflege und Zucht dieser interessanten Fische.

Es gibt zahllose weitere Arten, die Arten, die für die Aquaristik geeignet sind. Vieles ist von diesen Barben noch unbekannt, so daß es für uns Aquarianer noch eine Menge neues zu entdecken gibt.